Estrategias
PRUDENTES ANTE
UNA INMINENTE
BANCARROTA
FINANCIERA GLOBAL

AGRADECIMIENTOS

Agradezco a Dios por su misericordia conmigo al haberme llamado al ministerio de la predicación del evangelio durante mi juventud, por lo cual no me arrepiento de haberle obedecido y dado un paso de fe al decirle: «Heme aquí, envíame a mí» en el año de 1975, encontrando el apoyo incondicional de mis padres y mis pastores. En todas las experiencias que he vivido, he visto cada día la fidelidad del Señor, por lo que este libro no solo es conceptual, sino una vivencia al haberme convertido en testigo de la bondad de Dios hacia mi familia, en el desarrollo de la iglesia en el área nacional y misionera a nivel internacional, estando seguro de que veré más de las bondades del Señor, porque él es bueno y para siempre son sus misericordias. Doy gracias a mi esposa por ayudarme a revisar este material, así como por la colaboración de mis hijos en el mismo. A mi hermano Roberto Montoya por animarme a llevar a cabo la inquietud que Dios había puesto en mi corazón de escribir y por revisar el material. A la Iglesia Cristiana Josué de las Asambleas de Dios en la cual pastoreo, por todo su amor y apoyo a la visión de Dios, y a mi familia, a los cuales les deseo las más ricas y abundantes bendiciones en Cristo Jesús.

Estrategias
PRUDENTES ANTE UNA INMINENTE BANCARROTA FINANCIERA GLOBAL

Lisandro Bojórquez

La misión de Editorial Vida es proporcionar los recursos necesarios a fin de alcanzar a las personas para Jesucristo y ayudarlas a crecer en su fe.

ESTRATEGIAS PRUDENTES ANTE UNA INMINENTE
BANCARROTA FINANCIERA GLOBAL
Edición en español publicada
por Editorial Vida -2008
Miami, Florida

© **2008** por Lisandro Bojórquez

Edición: *Madeline Díaz*
Diseño interior: *Eugenia Chinchilla*
Diseño de cubierta: *Cathy Spee*

RESERVADOS TODOS LOS DERECHOS. A MENOS QUE SE INDIQUE LO CONTRARIO, EL TEXTO BÍBLICO SE TOMÓ DE LA SANTA BIBLIA NUEVA VERSIÓN INTERNACIONAL. © 1999 POR SOCIEDAD BÍBLICA INTERNACIONAL Y DE LA SANTA BIBLIA REINA VALERA 1960. © 1960 SOCIEDADES BÍBLICAS EN AMÉRICA LATINA

ISBN - 978-0-8297-5619-7

CATEGORÍA: VIDA CRISTIANA / MAYORDOMÍA

IMPRESO EN ESTADOS UNIDOS DE AMÉRICA
PRINTED IN THE UNITED STATES OF AMERICA

08 09 10 11 ♦ 6 5 4 3 2 1

Contenido

Prólogo 6
Introducción 7
Capítulo uno: Evidencias de la amenaza en el horizonte de una quiebra económica internacional 15

Capítulo dos: Rendir los recursos económicos a la administración de Dios 39

Capítulo tres: Establecer una estructura de apoyo en sus colaboradores 49

Capítulo cuatro: Reinvertir las ganancias o excedentes en la actividad normal del negocio y el ahorro 57

Capítulo cinco: Destruir los malos sistemas de valores o «graneros» para evitar la fuga financiera 81

Capítulo seis: Construir un nuevo sistema de valores o «graneros» para evitar la fuga financiera 115

Capítulo siete: Honrar a Dios y su visión 141

Capítulo ocho: Cómo vencer la ansiedad y el afán en el área financiera 159

Prólogo

Siempre he creído que para que una obra literaria tenga mérito, necesitamos saber algo acerca del autor para comprobar si su vida y su ministerio concuerdan con las ponencias de su obra. En este caso mi confianza es plena, porque a través de más de cuarenta años he observado la vida del autor y percibido en él desde su juventud no solo una consagración total a la obra del Señor, sino también una gran integridad en su caminar con Dios y una genuina experiencia cristiana. Esta obra tiene gran valor por dos razones imprescindibles. En primer lugar, tiene una base bíblica, mientras que mucho de lo que uno lee en estos días son ideas humanas que provienen posiblemente de la psicología o la sociología modernas. Me parece que aunque estas obras tienen su mérito, no hay cosa más importante que tener nuestro fundamento en la Palabra de Dios. Los principios bíblicos siempre sobrepasan a cualquier idea humana. Y esta obra está repleta de citas bíblicas y cuenta con una base precisamente en las Escrituras. Por otra parte, hay una escasez de literatura sobre el tema que ocupa nuestra atención en este libro. No solo se trata de un tema contemporáneo y actualizado, sino también de uno que proviene de un discernimiento espiritual que seguramente el autor ha sentido en su corazón.

Este libro servirá de instrucción, guía e inspiración para muchos lectores. Espero que al leer estos preceptos podamos no solo aceptarlos como normas para nuestra vida espiritual, sino además compartirlos con otros cristianos que pretenden servir al Señor con todo su corazón.

Recomiendo esta lectura como algo de suma urgencia y de mucha validez para nuestro bienestar espiritual y material.

—John Bueno

INTRODUCCIÓN

¿Ha reflexionado últimamente acerca de qué haría ante una catástrofe económica sin precedentes en el ámbito mundial, cómo esta afectaría su presupuesto familiar, y cómo solventaría sus necesidades básicas? Si esto llegara a ocurrir, ¿qué complicaciones tendría con sus deudas y cómo estas podrían acabar con sus bienes o recursos? ¿Qué impacto tendría en el ámbito matrimonial y familiar el hecho de no poder enfrentar la amenaza de embargo de sus acreedores y suplir simultáneamente las necesidades del hogar? ¿Cree que tiene los suficientes recursos de capital para enfrentar situaciones inesperadas?

Estas y muchas preguntas similares, a simple vista, dan una impresión negativa ante un mundo que quiere resolver sus problemas con una mentalidad positivista, la cual puede ser engañosa. En la mayoría de los casos, se trata de un acto de autopersuasión basado en el temor y la autosuficiencia para no enfrentar la realidad que estamos a punto de encarar, un *ciclo* que quebrará todos los patrones y leyes económicas de un modo sin precedentes en la historia. Todas las naciones se han inclinado al dios del dinero, han puesto todo su empeño en las riquezas de este mundo material, y se han alterado los valores al punto de deshumanizar la sociedad y rechazar a Dios como nuestro creador y sustentador de todas las cosas, por lo que es probable que esto pueda ser el principio de los juicios de Dios, o «principio de dolores», antes de la Gran Tribulación descrita en la Biblia. Haciendo un análisis entre el cumplimiento de las profecías bíblicas y los acontecimientos a escala global, no queda más que ser *sabios* para considerar las medidas espirituales, familiares, laborales y económicas (que es el punto principal a considerar en este libro) como medidas prudentes ante el asomo en el horizonte de «las vacas flacas».

Los famosos siete años de abundancia en Egipto nos muestran un período de grandes logros económicos como una oportunidad para enfrentar la más grande depresión económica de esos días y durante siete largos años.

Haciendo un acercamiento de aquella época a nuestros días, podemos ver que según la opinión del grupo del Banco Mundial, en su publicación del mes de mayo del 2007, «el escenario más probable es que la economía mundial experimente un "aterrizaje suave". No obstante, hay incertidumbre con respecto a la magnitud de la desaceleración de los Estados Unidos, el camino que seguirán las tasas de intereses y la posibilidad de que se produzcan alteraciones en el mercado del petróleo. Los niveles de reservas de cereales, que son sumamente bajos, pueden provocar un fuerte aumento en el precio de los alimentos, lo que tendría graves consecuencias sobre la población urbana pobre de muchos países en desarrollo. Sin embargo, la economía mundial se encuentra en un punto de inflexión tras varios años de crecimiento muy rápido. Este tipo de períodos implica riesgos más elevados. Cabe citar como ejemplo extremo el período que precede a la crisis financiera asiática de 1997, que se caracterizó por un fuerte crecimiento, una grande afluencia de capitales y un optimismo generalizado».

Con miras hacia el 2008, tenemos un punto de vista muy importante para continuar nuestra reflexión. El economista Xavier Sala Martín, quien tras comentar que los «grandes conocedores del área económica» anuncian que en el 2008 habrá una profunda crisis económica, analiza los seis factores que apuntan en esa dirección: primero, la crisis financiera de las hipotecas *subprime*; segundo, la caída de los precios de la vivienda en los Estados Unidos; tercero, los precios del petróleo; cuarto, la cotización del euro; quinto, que el dólar corre el riesgo de sufrir una caída «catastrófica»; y sexto, la incertidumbre de la situación geopolítica.

El autor afirma que «por más que insistan los economistas, nadie sabe con certeza si esa crisis finalmente se va a producir, porque también hay razones para ser optimistas. Por ejemplo, los bancos centrales de Europa y Estados Unidos están aumentando la cantidad de dinero para que las empresas que deseen invertir puedan hacerlo, y el gobierno estadounidense está ayudando a las familias *subprime* a pagar sus hipotecas».

Concluye diciendo que, por sí solo, cada uno de los factores apuntados podría desencadenar una crisis económica mundial, sin embargo, «hoy se dan todos simultáneamente. Es decir, estamos ante la combinación improbable de factores que no se dan casi nunca, pero que cuando se dan, podrían acabar originando... la tormenta perfecta».

No obstante, la economía también se ve afectada por los fenómenos naturales que no pueden ser controlados por el hombre, y podemos asegurar que una economía estable depende de la invariabilidad de algunos elementos como los recursos naturales, los cuales están siendo amenazados por la mala administración y ciertos fenómenos naturales como: terremotos, huracanes, el cambio climático debido al nuevo ciclo en que está entrando la tierra, las amenazas de asteroides, la falta de agua y la contaminación de la misma, la escasez de recursos energéticos y la manipulación inadecuada de los mismos.

En la siguiente grafica podemos ver los diferentes niveles de calentamiento de la tierra, una amenaza que no es muy fácil de controlar por el hombre y que se espera pueda tener repercusiones fatales en nuestro planeta.

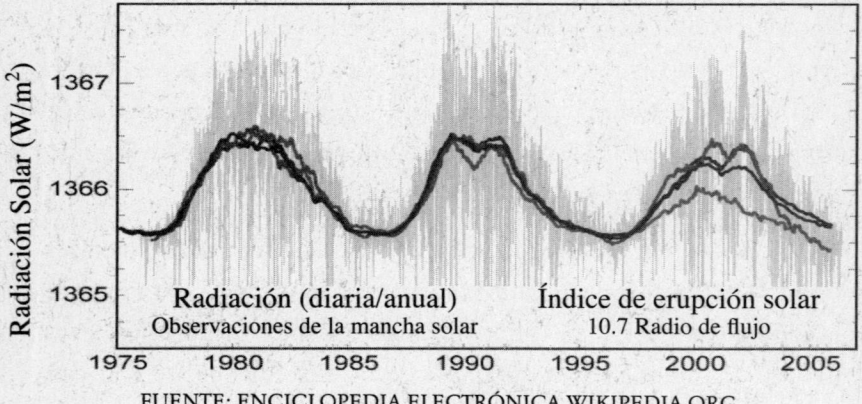
FUENTE: ENCICLOPEDIA ELECTRÓNICA WIKIPEDIA.ORG

A estas crisis se suman las epidemias y pandemias que ya han dado avisos de sus efectos devastadores no solo en la salud, sino también por el impacto económico que tendrán sobre las naciones, las cuales no solo debemos combatir, sino que también nos llevan a una reevaluación de las prioridades ante las necesidades más urgentes que harán quebrar algunas áreas de la industria y el comercio, lo que conducirá inevitablemente a pasar al último nivel de productos de consumo. A su vez, a todos estos factores desestabilizadores económicos les sumamos la inestabilidad política y los altos niveles de violencia, así como también la amenaza del terrorismo y las guerras con sus repercusiones internacionales muy graves, factores que harán perder el equilibrio saludable para mantener una macro y microeconomía estable en una nación, llegando a afectar el bolsillo o los recursos económicos de cada familia.

No podemos negar que delante de nuestros ojos tenemos las evidencias de las primeras señales de una hecatombe económica que tendrá sus efectos a escala internacional, pero que golpeará de modo sensible los recursos financieros de cada familia en las distintas naciones, lo cual llegará a afectar el poder adquisitivo para la alimentación, los estudios, la vivienda y otras necesidades básicas a causa de los altos precios de los productos y el alto nivel de desempleo sin precedentes en la historia de una nación. La falta del amor al prójimo, tanto en el sector empresarial como entre los mismos compañeros de trabajo, fomentará mayores niveles de violencia y muchas otras amenazas que se ven en el horizonte a corto y mediano plazo. Esto nos crea la necesidad de tomar algunas *medidas prudentes a fin de mantener la seguridad y la estabilidad económica necesarias para que la familia no vaya a entrar en una bancarrota económica* y ser víctima de los efectos colaterales de la misma, como pueden ser la incomprensión, el resentimiento, el desaliento tanto en la pareja como en los hijos, la separación y el divorcio.

Salir adelante con la ayuda de Dios, siguiendo los principios de la Palabra del Señor, es el desafío del presente; por tal razón, he sentido la *urgencia* de escribir este libro para brindar una orientación a la luz de la Palabra de Dios acerca de cómo podemos sobrevivir en un mundo tan inestable y con tantas amenazas que producen temor y nos impulsan a tomar decisiones que agravan los problemas económicos y familiares. Ante la revelación del Señor a Faraón de que vendrían «los siete años de las vacas flacas», Dios preparó estratégicamente a José para ocupar una posición en el gobierno de Egipto, recibiendo la sabiduría divina en el manejo de los recursos económicos ante un acontecimiento desconocido, como eran los siete años de sequía. No obstante, se empezaron a tomar con siete años de anticipación las medidas prudentes para evitar mayores niveles de sufrimiento y preservar la vida familiar e institucional. En el Salmo 119:105, la Biblia dice: «Lámpara es a mis pies tu palabra, y lumbrera a mi camino». Solo Dios conoce el futuro y los sucesos que están próximos a acontecer a escala internacional, los cuales están perfectamente descritos en la Palabra de Dios. Dentro del avance del marco profético y el desarrollo que tienen estos sucesos en la actualidad, nos brindan una clara advertencia para tomar medidas *ahora mismo* y así evitar una crisis sin precedentes en el ámbito familiar y eclesiástico. El propósito de escribir este libro a la luz de los principios de la Palabra de Dios es que se convierta en un manual de orientación para el buen desarrollo de la profesión o el oficio, los negocios, las empresas, el trabajo y otros recursos que Dios nos ha dado, de modo que no se vean afectados por la voracidad de un «tsunami económico» del cual ya se empezaron a elevar las primeras olas amenazadoras, las cuales irán creciendo en la medida que corre el tiempo para tomar una altura que va a derribar todos los pronósticos económicos y las estrategias financieras dentro de la macro y micro economía, haciendo a un lado los indicadores económicos que serán aplastados por el factor sorpresa. Para poder enfrentar este gigante que se avecina es necesario que se tomen las medidas preventivas *ahora mismo*, siendo proactivos y no reactivos cuando ya es demasiado tarde. Que el Señor nos conceda *la sabiduría, la prudencia y el dominio propio* para enfrentar el tiempo de «las vacas flacas».

Como si todo lo anterior no fuera suficiente, el año cierra con malas noticias para las familias salvadoreñas, y es que de acuerdo a la Dirección General de Estadísticas y Censos (DIGESTYC), entre noviembre del 2006 y noviembre del 2007 la Canasta Básica Urbana se incrementó de $140.02 a $162.65, lo que representa un alza del 16,1%. Un aumento mayor mostró la Canasta Básica Rural, que en un mismo período subió de $98.64 a $121.78, con un incremento del 23,4%. Este caso solo es un ejemplo de lo que esta sucediendo en casi todas las naciones de la tierra e indica que no estamos preparados para desafiar una crisis económica mundial por la debilidad intrínseca en valores bíblicos en materia de orientación económica, al no escuchas los sabios consejos de la Biblia, y es imprescindible notar que todas las naciones han tenido sus propias crisis en diferentes áreas, siendo ayudadas por otras naciones, pero la epidemia económica actual ha afectado a todos los pueblos, lo cual limitará la ayuda internacional para socorrer a las naciones más vulnerables ya que las naciones más industrializadas están siendo afectadas gravemente por la misma crisis, la cual agudizará más los problemas de los pueblos y familias que no estén preparados. Por tal motivo tenemos que volver a la orientación de la Palabra de Dios, para desarrollar estrategias sabias y efectivas a fin de poder convertir la crisis en una oportunidad para una victoria integral.

CAPÍTULO UNO

EVIDENCIAS DE LA AMENAZA EN EL HORIZONTE DE UNA QUIEBRA ECONÓMICA INTERNACIONAL

Génesis 41:1-8

Aconteció que pasados dos años tuvo Faraón un sueño. Le parecía que estaba junto al río; y que del río subían siete vacas, hermosas a la vista, y muy gordas, y pacían en el prado. Y que tras ellas subían del río otras siete vacas de feo aspecto y enjutas de carne, y se pararon cerca de las vacas hermosas a la orilla del río; y que las vacas de feo aspecto y enjutas de carne devoraban a las siete vacas hermosas y muy gordas. Y despertó Faraón. Se durmió de nuevo, y soñó la segunda vez: Que siete espigas llenas y hermosas crecían de una sola caña, y que después de ellas salían otras siete espigas menudas y abatidas del viento solano; y las siete espigas menudas devoraban a las siete espigas gruesas y llenas. Y despertó Faraón, y he aquí que era sueño. Sucedió que por la mañana estaba agitado su espíritu, y envió e hizo llamar a todos los magos de Egipto, y a todos sus sabios; y les contó Faraón sus sueños, mas no había quien los pudiese interpretar a Faraón.

Ante un sueño perturbador, sin que exista la capacidad de descifrarlo, se generan altos niveles de ansiedad, en especial cuando no se conocen los pasos estratégicos que se tienen que dar para enfrentar una amenaza. Este fue el caso de Faraón, rey de Egipto, cuando Dios en su misericordia le previno sobre una crisis financiera sin precedentes. De modo providencial, Dios había enviado a José para interpretar esos sueños y tomar las riendas de la economía de esa nación, con el propósito de darse a conocer como el único Soberano y Señor sobre el cielo y la tierra, para traer la luz de la verdad en medio de la oscuridad espiritual y mental que produce la idolatría, y también para revelarle a la nación de Israel que las promesas de Dios son firmes y él las llevará a su total cumplimiento aunque se levanten obstáculos en el proceso del desarrollo de su voluntad. Además, para asegurarle a su pueblo que el hecho de caminar por fe en su amor traerá una salida en los momentos cuando los pronósticos son más oscuros y amenazan con destruirnos por completo. Una vez más está comprobado que Dios es el único Soberano y reina sobre las circunstancias difíciles de la vida. Él nos guía con su sabiduría para que podamos experimentar una y otra vez que «somos más que vencedores en Cristo Jesús», aun en medio de las crisis económicas más severas que una familia y nación puedan enfrentar. Analicemos algunos parámetros que nos ayudarán a ser más objetivos ante las condiciones económicas actuales y a tener una visión más clara del tiempo de «las vacas flacas» que se asoman en el horizonte, para poder enfrentarlas con el respaldo de la gracia y sabiduría de Dios.

Antecedentes históricos

Es evidente que las señales que estamos viendo hoy en día acerca de una recesión y una posible depresión económica a escala internacional son casi inevitables. Debemos aprender de aquellos momentos históricos cíclicos en los cuales el mundo se ha encontrado en una situación similar en cuanto al desplome de las economías, las cuales en algunas oportunidades tomaron por sorpresa a muchas personas sin poderse anticipar las medidas necesarias para enfrentar ese gigante que venía desafiando la estabilidad económica de la familia y la nación. Uno de los ejemplos de estas hecatombes económicas fue la Gran Depresión, que se describe según la Enciclopedia Wikipedia como «una crisis económica mundial» iniciada en octubre de 1929 y que se prolongó durante toda la década de 1930, siendo particularmente intensa hasta 1934. Son muchas las causas esgrimidas para explicar su estallido y persistencia. Es un hecho claro que el fenómeno se inició en los Estados Unidos tras una década de un crecimiento económico, un incremento del endeudamiento y una especulación bursátil, con beneficios rápidos y fáciles. De modo habitual, se señala como el inicio de la Depresión el 24 de octubre de 1929 («Jueves Negro»), con el desplome de la bolsa de Nueva York y la pérdida vertiginosa del valor de las acciones allí cotizadas, aunque la contracción de la economía había comenzado en el primer semestre de 1929. El desplome del precio de las acciones fue extraordinariamente intenso, alcanzando tintes dramáticos. Un gran número de inversionistas vio cómo su dinero, en muchos casos tomado a crédito, se volatilizaba en cuestión de días. El «crash» bursátil motivó una reacción en cadena en el sistema financiero, con numerosos bancos que empezaron a tener problemas de solvencia y liquidez al acentuarse la desconfianza en su capacidad de rembolsar a los depositantes.

La gente se iba endeudando cada vez más por la vía del crédito (los salarios continuaban igual), los beneficios empresariales se empezaron a estancar y los bancos comenzaron a tener problemas de solvencia. Al quebrar los bancos, miles de personas perdieron sus ahorros y se arruinaron. Las medidas del presidente republicano Herbert Hoover acentuaron la crisis, pues establecieron un control sobre numerosos precios, siendo en especial agresivo con la agricultura. La crisis se inicia con un exceso de oferta, la caída de los precios agrícolas y una gran tasa de paro. Crisis financiera y desconfianza generalizada en la economía del país. El considerar esta referencia histórica y compararla con la economía internacional actual, nos hace reflexionar y tomar las medidas en el ámbito personal y familiar para amortizar el impacto económico. ¿Cree usted que esta referencia histórica es como un espejo que nos advierte que estamos a las puertas de una bancarrota financiera internacional por tener los mismos síntomas? ¿Qué estamos haciendo *hoy* para prepararnos como familia? ¿Se ha puesto a pensar y dialogar con todo su grupo familiar sobre los riesgos y las medidas necesarias para no permitir un mayor nivel de desequilibrio financiero con el que podría verse en riesgo la adquisición de su vivienda, los estudios y la canasta básica del hogar? Y si usted es un comerciante, un empresario pequeño o grande, ¿cuáles son sus evaluaciones y proyecciones acerca de una *reorientación* de sus servicios y productos a corto plazo para enfrentar esta amenaza, ya que los intereses de la población cambiarán de manera drástica enfocándose en los servicios y productos de primera necesidad? Hagamos un pequeño recorrido a través de algunos indicadores a los que no se les ha puesto atención en los últimos años por estar inmersos en el consumismo, los afanes y la visión de ser personas exitosas o prósperas, descuidando los fundamentos de una economía saludable bajo los principios de la Palabra de Dios.

Condiciones actuales de la economía global

Es importante que podamos tener un parámetro para poder medir si hay un incremento o un estancamiento económico partiendo del concepto de «crecimiento económico», para así poder identificar en sus inicios el período de las «vacas flacas». Entonces, ¿qué es el crecimiento económico? «El crecimiento económico es el aumento de la cantidad de trabajos que hay por metro cuadrado, la renta o el valor de los bienes y servicios producidos por una economía». De modo habitual se mide en porcentaje de aumento del Producto Interno Bruto real, o *PIB*. El crecimiento económico así definido se ha considerado (históricamente) deseable, porque guarda una cierta relación con la cantidad de bienes materiales disponibles y por ende indica una cierta mejora del nivel de vida de las personas. Sin embargo, no son pocos los que comienzan a opinar que el crecimiento económico es una peligrosa arma de doble filo, ya que debido a que mide el aumento en los bienes que produce una economía, también está por lo tanto relacionado con lo que se consume o, en otras palabras, se gasta. La causa por la que según este razonamiento el crecimiento económico puede no ser realmente deseable es que no todo lo que se gasta es renovable, como muchas materias primas o muchas reservas geológicas (carbón, petróleo, gas, etc.).

En economía, las expresiones «crecimiento económico» o «teoría del crecimiento económico» suelen referirse al crecimiento de potencial productivo, es decir, a la producción en «pleno empleo» más que al crecimiento de la demanda agregada.

En términos generales el crecimiento económico se refiere al incremento de ciertos indicadores, como la producción de bienes y servicios, el mayor consumo de energía, el ahorro, la inversión, una balanza comercial favorable, el aumento de consumo de calorías per cápita, etc. El mejoramiento de estos indicadores debería llevar teóricamente a un alza en los estándares de vida de la población (tomado del sitio Wikipedia en la Internet). ¿Estamos en realidad teniendo un balance saludable entre lo que producimos y consumimos? ¿Se están desarrollando los recursos relacionados con la capacidad intelectual para ser entes productivos y mejorar la calidad de la vida familiar? ¿Existe una cultura de ahorro y de reinversión para ser más independientes económicamente que pueda mejorar el nivel de vida? ¿Están las naciones gozando de libertad o esclavitud económica por ser deudoras? ¿Está usted gozando del favor de Dios con sabiduría estratégica, oportunidades inesperadas, equipo de trabajo idóneo y fiel, provisión milagrosa y solución a las necesidades? Las respuestas a estas preguntas pueden darnos un parámetro de la condición económica personal y nacional, anunciando un nuevo ciclo económico no tan alentador.

La aparición de un período de las vacas flacas se ha venido observando de manera más palpable en los últimos diez años. Winston Churchill dijo: «Mientras más mires hacia atrás, más adelante podrás ver». El aprender de los aciertos y errores del pasado para prevenir de un modo estratégico bajo la guía de la Palabra de Dios es de vital importancia. Ponerles atención a los indicadores de una crisis económica mundial es imperativo en la actualidad para minimizar el impacto sobre la economía familiar. La Biblia dice: «El avisado ve el mal y se esconde; mas los simples pasan y reciben el daño» (Proverbios 22:3).

En el año 2001 el director del comercio mundial, Mike Moore, manifestó su preocupación por el impacto de la desaceleración del crecimiento estadounidense: «Estados Unidos, motor de la economía mundial, está tartamudeando», advirtió. «Una recesión allí podría exportar problemas al resto del mundo». No hay dudas de que la globalización económica ha creado una balanza mundial, que ante el desequilibrio de algunas naciones, afectará irremediablemente a todas, afligiendo de forma directa a cada familia.

En el año 2003 el Fondo Monetario Internacional, a través de su principal economista Kenneth Rogoff, indicó durante una conferencia de prensa que el enorme déficit en la economía mundial la mantiene muy lejos de regresar a lo «normal». En sus observaciones, partiendo de los parámetros económicos, señaló: «Es un problema muy grave el que cuelga sobre la economía mundial. Y lo más probable es que la recuperación desequilibrada lo empeore». En algún momento dado, el déficit actual en la balanza de pago de Estados Unidos –que el FMI no considera declinará al 4% del PIB hasta por lo menos el año 2008– tendrá que «desenrollarse», y «cuando esto suceda, el valor del dólar disminuirá». Al preguntársele acerca de la «posibilidad» de una burbuja financiera durante la mejoría económica, Rogoff regresó al problema del déficit mundial y dejó bien claro que la expansión de la deuda era «uno de los riesgos principales que la economía mundial corre».

En el año 2004 surge otra señal de advertencia sobre el peligro de una recesión económica global. Según Emilio Guerrero, el Fondo Monetario Internacional (FMI) ha tocado la alarma acerca del estado de las finanzas y la economía de Estados Unidos, advirtiendo que la expansión de la deuda externa y el aumento del déficit del presupuesto amenazan la estabilidad de la economía mundial. Las exigencias de Estados Unidos para que el mundo lo financie cada vez más, además de la decadencia del valor del dólar, «posiblemente podrían llevar a consecuencias adversas en el interior y el exterior del país». En cuanto al financiamiento, señala que el déficit en la balanza de pagos de Estados Unidos en la actualidad consume el 75% de los superávit mundiales. Todo esto podría llevar a que los inversionistas pierdan toda confianza, una cosa que haría aumentar las tasas de interés, lo cual a su vez resultaría en la reducción de las inversiones y en una rápida caída de la economía mundial.

En el año 2007 las preocupaciones de una crisis financiera a escala global se acentuaron, y se nos está desafiando a ser sabios para enfrentar una crisis sin precedentes debido a los niveles altísimos de endeudamiento tanto de las naciones como a nivel individual, así como por la poca productividad en la generación de riquezas al anular la creatividad, la preparación académica y la falta de oportunidades. En un artículo del grupo del banco mundial que apareció en una publicación del mes de mayo del 2007 se indica: «El escenario más probable es que la economía mundial experimente un "aterrizaje suave". No obstante, hay incertidumbre con respecto a la magnitud de la desaceleración de los Estados Unidos, el camino que seguirán las tasas de interés y la posibilidad de que se produzcan alteraciones en el mercado del petróleo. Los niveles sumamente bajos de las reservas de cereales pueden provocar un fuerte aumento en el precio de los alimentos, lo que tendría graves consecuencias sobre la población urbana pobre de muchos países en desarrollo».

A finales del año 2007, en un artículo del *New York Times* del mes de noviembre, se hace patente su preocupación y voz de alerta: «El crédito que fluye a las compañías americanas se está secando rápidamente a un paso no considerado en décadas, amenazando la creación de trabajos y la extensión de los negocios, y mientras que se intensifica, preocupa que la economía se pueda dirigir hacia la recesión». Ante este problema que se observa globalmente, el vicedirector chino del Banco Central, Xu Jian, dijo que el dólar «perdía su estado como la moneda del mundo».

El Instituto de Economía Mundial de Kiel (IfW), en Alemania, indicó que la economía mundial, a pesar de mantenerse a un nivel relativamente alto, muestra síntomas de desaceleración. La principal causa de la misma, según indica el renombrado instituto, es la crisis inmobiliaria y el fin del crecimiento económico en los Estados Unidos. Según el informe, la economía de los Estados Unidos corre peligro de entrar en una recesión.

Un grupo del Banco Mundial presentó los siguientes

reportes: «Luego de cuatro años de firme crecimiento del PIB y el comercio, las condiciones de los mercados financieros mundiales han pasado de ser favorables a menos estables y previsibles. En el 2007, el crecimiento del PIB mundial se redujo al 3,6% en comparación con el 3,9% del año anterior, y el aumento será todavía más moderado en el 2008, en especial en los países de ingreso alto. Es importante destacar que los países en desarrollo deberían aportar cierto respaldo al comercio, de manera tal que se evitaran resultados adversos en el PIB mundial.

La crisis económica en el ámbito mundial se está haciendo más palpable en algunas naciones cuando se le unen otros factores de riesgo como es el clima, este es el caso de África al sur del Sahara. La combinación de una fuerte demanda interna y el alza de los precios internacionales de los cereales podrían avivar todavía más el ascenso de la inflación, en particular en aquellos estados costeros cuya economía depende de las importaciones. La producción de trigo no alcanzó a cubrir el consumo, en parte porque fue desplazada por la de maíz y en parte por las malas condiciones meteorológicas. Como resultado, las existencias llegaron a sus mínimos históricos y el precio del trigo se incrementó en un 30%. América Latina está siendo impactada por los altos niveles de inflación, la escasez de los productos básicos, la desaceleración de la industria, la agricultura y la competencia con los mercados más industrializados.

En el mes de enero del año 2008 la Prensa Gráfica, en su artículo «Estados Unidos lucha para evitar la recesión», presenta la preocupación de los efectos que tendría una recesión en la primera potencia económica sobre las economías globales: «Los temores de una crisis económica en los Estados Unidos arrastraron a las bolsas del mundo a una de las caídas más fuertes de la década, y la Fed intervino ayer con una baja, sin precedentes en veinte años, de las tasas de intereses».

Aun después del anuncio de la Fed (Reserva Federal), las bolsas no se recuperaron del todo. El índice Dow Jones de Nueva York, que mide el desempeño de las acciones de las principales empresas del sector industrial estadounidense, llegó a caer ayer más de cuatrocientos puntos, y cerró con pérdidas del 1,02%.

Los mercados dudan de la efectividad del recorte de la Fed para inyectar dinamismo a una economía agobiada por fuertes desequilibrios, el endeudamiento de los hogares, el aumento del desempleo y la crisis inmobiliaria. Estados Unidos finalizó el 2007 con la mayor inflación mayorista en veintiséis años y el mayor aumento de precios a nivel de consumidores en diecisiete años. En el mismo período, los salarios de los trabajadores bajaron un 0,9%. A esto se suma el déficit comercial, que equivale al 5% del producto interior bruto. La Fed, en vista de esta crisis, tomó la decisión de bajar los intereses para aliviar el impacto en la economía, no solo en la de los Estados Unidos, sino también en la economía mundial. Sin embargo, según algunos analistas económicos, están viendo que esta medida es inadecuada por apelar sintomáticamente a las causas, ya que los problemas son más de fondo por los «turbulentos mercados de créditos, las ganancias corporativas inconsistentes y los consumidores altamente endeudados». Ante esta medida, Roberto Rigobon, profesor de economía de la Escuela de Negocios Sloam del Instituto Tecnológico de Massachussets, señaló: «El recorte de tasas mejorará las cosas, pero aumenta el temor a una recesión».

Según el comunicado que las Naciones Unidas dieran a conocer a inicios del año 2008 bajo el título «La economía mundial afronta tiempos de incertidumbre», se declara: «Al cabo de varios años de crecimiento vigoroso, la economía mundial afronta serios desafíos para que tal prosperidad continúe. Factores tales como el desinfle de la burbuja inmobiliaria en los Estados Unidos de América, el despliegue de la crisis financiera, la caída del valor del dólar estadounidense con respecto a las monedas de mayor circulación, la persistencia de grandes desequilibrios mundiales y los altos precios del petróleo confluyen para poner en riesgo al crecimiento global en los próximos años. *El crecimiento económico global en el 2008 se hará más lento, aunque será todavía robusto.* El producto bruto mundial (PBM) en el 2007 habría crecido 3,7%, un tanto más moderado que el 3,9% registrado en el 2006, pero aún robusto. En la proyección de base de las Naciones Unidas para el año 2008, la tasa de crecimiento se hará todavía más lenta, acercándose a un 3,4%, pero el panorama luce mucho más sombrío de lo que se vislumbraba un año atrás».

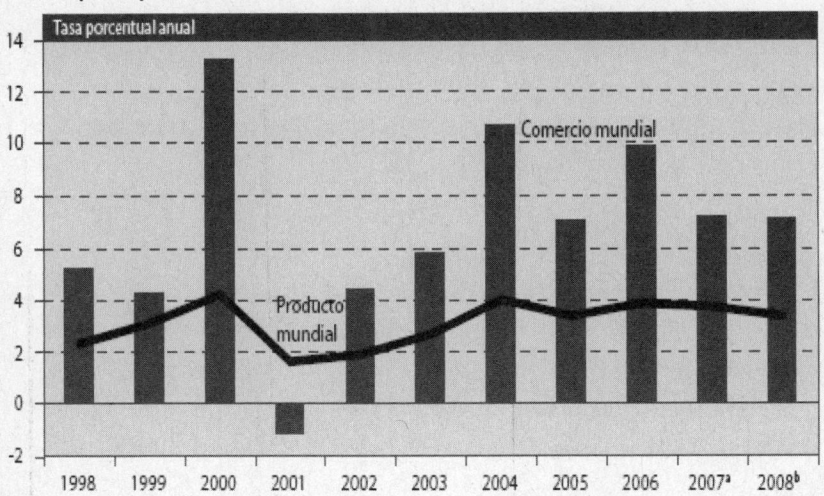

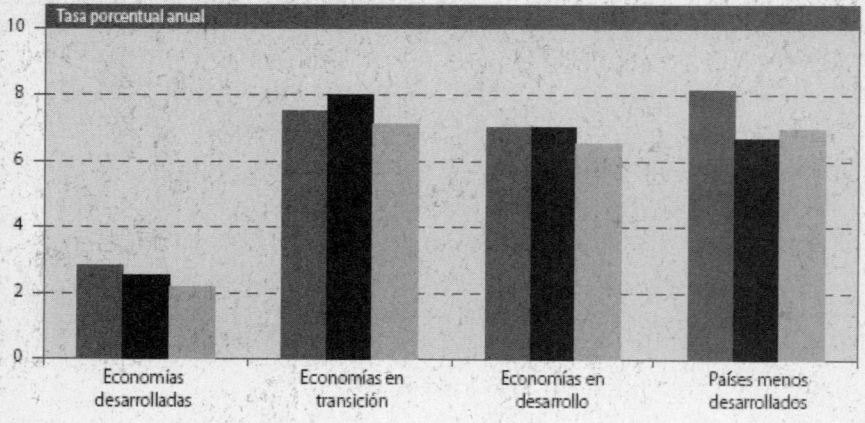

Crecimiento económico en los países en desarrollo y las economías en transición: debilitándose aunque todavía sólido

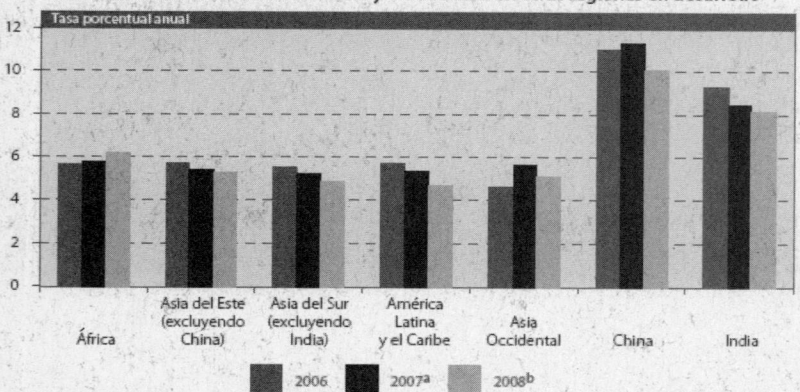

Aceleración del crecimiento en África y moderación en otras regiones en desarrollo

Fuente: UN/DESA y Proyecto LINK.
a   Parcialmente estimado.
b   Pronóstico.

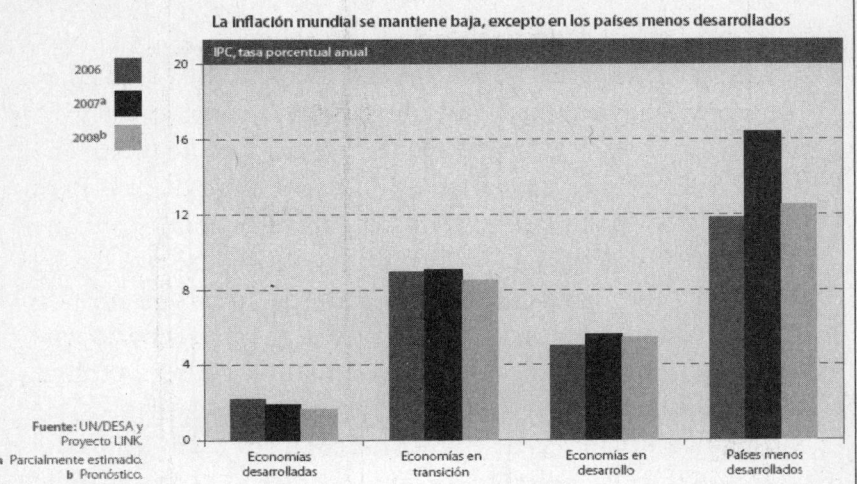

Algunas amenazas desestabilizadoras de la economía mundial

Las causas desestabilizadoras de la economía, tanto familiar como nacional e internacional, son múltiples y deben ser tomadas en cuenta por los estragos que han dejado en el marco histórico de cada nación y los altos índices de un futuro surgimiento de estos fantasmas que han hundido a las familias en una crisis profunda. Dentro de ellas mencionaremos algunas como:

Las pestes y las epidemias

Uno de los casos más recientes que produjo un pánico a escala mundial en cuanto a las pestes fue la gripe aviar en el continente asiático, la que amenazó no solo con privar de la vida a millones de personas, sino también con romper la columna vertebral de muchas economías en el mundo por el alto costo de la prevención y la curación, constituyendo una de las tantas amenazas a la salud de la población mundial y trayendo un sin número de efectos colaterales, lo que se traduciría en un deterioro en el progreso de las naciones. Según las noticias en el año 2003 en la ciudad de Londres, se comunicó que «una pandemia de gripe aviar sería devastadora para la economía global, ya que causaría pérdidas por 4,4 billones de dólares y la muerte de 140 millones de personas, según advirtió el jueves un organismo independiente australiano». Morirían 140 millones de personas. El Instituto Lowy para la Política Internacional pronosticó un estancamiento económico mundial y un escenario que consideró «inimaginable» para la humanidad en un reporte sobre las repercusiones macroeconómicas ante una posible pandemia humana. Desde las consecuencias más leves hasta las más extremas, el organismo independiente reveló a detalle las posibles repercusiones, que afectarían principalmente a China, Indonesia e India. Según los estudios que se realizaron para poder evaluar el impacto en el mundo basándose en las consecuencias de otras graves pandemias globales de siglos pasados, como la gripe española de 1918 y la epidemia del 2003 del Síndrome Respiratorio Agudo Severo (SRAS), se prevé una catástrofe humanitaria en los países pobres. En el escenario extremo, el reporte advirtió el estancamiento económico y la muerte de más de 142 millones de personas —el 2,2% de la población mundial— principalmente en países subdesarrollados que carecen de lo mínimo para afrontar una pandemia. En las naciones en desarrollo, cuyas economías podrían desplomarse hasta en un 50%, las víctimas fatales podrían ubicarse entre los 330 mil y los 33 millones de muertos, destacó el informe, reproducido en parte por la cadena australiana ABC. De acuerdo con el Instituto Lowy, la pandemia provocaría la caída de las grandes empresas y la industria global, ya que se quedarían súbitamente sin fuerza laboral y las preferencias de los consumidores se enfocarían solo hacia ciertos sectores. «El costo económico empeoraría conforme vaya avanzando la pandemia», afirmó el profesor

Warwick McKibbin, uno de los coautores del informe, el cual consideró que aunque se trate de especulaciones, deben tomarse en cuenta para prevenir que los efectos sean menos dañinos. En un ambiente «suave» la gripe aviar podría causar daños similares a los que dejó la pandemia de la «gripe de Hong Kong», que afectó gran parte de Asia en 1968 y causó al menos dos millones de muertos, con un costo de unos 330 mil millones de dólares. Como en las tres grandes epidemias del siglo pasado, la posible pandemia humana del virus H5N1, una de las quince variantes de la enfermedad, podría iniciarse en Asia, principalmente en China o Rusia. El reporte se dio a conocer en momentos en que la gripe aviar continúa su avance imparable en Europa y ha causado más víctimas humanas en Asia, en especial en Indonesia, donde cinco personas fallecieron la última semana infectadas con el virus H5N1. Pese a que las noventa muertes hasta ahora confirmadas por la Organización Mundial de la Salud (OMS) están vinculadas de manera directa al contacto con aves infectadas, el riesgo de que el H5N1 sufra una mutación está latente. De acuerdo con la OMS, si el H5N1 se aloja en una persona que padece gripe común, el mismo podría «humanizarse», apoderándose de su material genético, con lo cual el contagio entre seres humanos sería inevitable, desatándose una pandemia global en unos cuantos meses.

Según vimos que señalaba el informe reproducido en parte por la cadena australiana ABC, en las naciones en desarrollo, cuyas economías podrían desplomarse hasta en un 50%, las víctimas fatales podrían ubicarse entre los 330 mil y los 33 millones de muertos. Este es uno de los ejemplos más recientes que tenía el potencial de poder desequilibrar las economías del mundo dependiendo de su magnitud, pero es uno de los pocos agentes patógenos que amenazan a la humanidad. El Señor Jesucristo habló acerca de que una de las señales de los últimos tiempos serían las pandemias, en Mateo 24:7 la Biblia dice: «Porque se levantará nación contra nación, y reino contra reino; y habrá *pestes* y hambres, y terremotos en diferentes lugares». La palabra griega que se traduce como peste significa «cualquier enfermedad infecciosa y mortífera», mientras que el verbo *haber* nos habla de «un cambio de condición, estado o lugar». Lo que se nos está advirtiendo es que, aunque han existido pestes a lo largo de la historia antes de la Segunda Venida del Señor, el estado de las enfermedades mortíferas tendrá un cambio de condición intrínseco o composición genética y no tendrá control en su expansión, por lo que muchas personas morirán. Debido a estos enemigos invisibles que cobran millones de vidas surge una desestabilización financiera en el ámbito familiar y mundial, y ante tal enemigo, aun con los mejores esfuerzos de la ciencia y los gobiernos para combatirlo, la única respuesta está en nuestra dependencia absoluta en Dios, confiando en sus promesas y su asistencia oportuna, tomando muy en cuenta la dirección sabia de las Sagradas Escrituras. La ciencia médica ha admitido que está perdiendo la guerra contra los microorganismos contagiosos y que en un momento dado se pueden desencadenar epidemias fuera de control, cobrando millones de vidas alrededor del mundo. Si analizamos este problema y su incidencia directa en la economía familiar y de una nación, sería algo devastador, como lo ha sido el impacto de algunas pandemias a lo largo de la historia; y si a estas se unen otros factores desestabilizadores como lo son el alza del petróleo, la escasez de trabajo, las guerras y la falta de sabiduría en el manejo de los recursos, las consecuencias serían altamente devastadoras para la economía mundial. Por tal razón el Señor Jesucristo nos indicó en el capítulo 24 de Mateo y en muchas otras partes de la Biblia las señales de su Segunda Venida, para que actuemos con sabiduría sobre todo al entregarle nuestra vida al Señor y experimentar el nuevo nacimiento, teniendo así la seguridad de la vida eterna, lo cual viene a ser la base para enfrentar cualquier dificultad que se presente en el futuro, aun en el área económica, pues tendremos la asistencia de nuestro Dios incluso cuando pasemos por el «valle de sombra y de muerte», y el cuidado de nuestro Buen Pastor nos dará el descanso familiar y como nación para que nuestro ánimo no decaiga hasta desmayar.

Las guerras

La amenaza de una guerra de carácter internacional es inminente por la tensión que viven las naciones de la tierra en el marco de la inseguridad global, constituyendo otro de los elementos desestabilizadores económicos. Aunque se quieren evitar las guerras, de forma paradójica son las mismas naciones las que producen el armamento utilizado para continuar con sus propósitos egoístas, y con la amenaza del terrorismo se ha incrementado el pánico de una guerra de carácter internacional en un futuro no muy lejano. Uno de los puntos con mayores probabilidades de guerra dentro del marco geopolítico es el país de Irán, debido a la producción de la energía atómica que podría utilizarse para el armamento nuclear. Aunque el gobierno iraní ha negado el uso militar del desarrollo nuclear de la nación, las sospechas están creciendo sobre el desarrollo de armas nucleares a pesar de que la comisión internacional de evaluación diera un reporte negativo de la existencia de las mismas. Y no obstante a esto, el gobierno de los Estados Unidos mantiene su posición de que de alguna forma esas armas pueden estar en proceso de desarrollo.

Ante los temores del Consejo de Seguridad permanente de las Naciones Unidas, de forma unida han tomado la decisión de prevenir a la nación iraní para que se abstenga de tal desarrollo; sin embargo, aun con todas las advertencias y la presión internacional, parece que no están dispuestos a abandonar tal proyecto, lo que puede en algún momento dado hacer que las Naciones Unidas o algún país unilateralmente tomen la decisión de atacar el proyecto nuclear en Irán, lo cual tendría un efecto de carácter internacional golpeando severamente la frágil economía mundial.

El precio del petróleo y sus derivados

Existe una dependencia del *oro negro*, como se le ha llamado al petróleo, el cual cada día se vuelve más escaso, aumentándose su consumo tanto como combustible y como materia prima básica para la producción de otros productos que llegan a formar parte de los bienes necesarios, como por ejemplo los zapatos que se producen en todo el mundo y que en su mayoría se fabrican con materias primas que se derivan del petróleo. Ante tal escasez, el precio del barril de petróleo podría llegar en poco tiempo hasta $200.00 por barril o más, dependiendo de la profundidad de los conflictos bélicos y políticos con los países petroleros. Si en la actualidad las naciones de la tierra están viviendo una inflación debida en gran parte al alza del petróleo, ¿cuál cree que sería el impacto sobre el poder adquisitivo del dinero en su propia familia? ¿Cómo ve en el horizonte la condición socioeconómica de su nación al verse agravada por una guerra con los países que producen petróleo? Esto genera efectos negativos en la economía mundial. Yo creo que no estamos muy lejos de una guerra en el Medio Oriente o en otras áreas estratégicas del planeta que hará tambalear la frágil economía que vive el mundo hoy en día.

Las condiciones actuales de la crisis del petróleo están en la cuerda floja y no tienen la resistencia para soportar mayores presiones. El 15 de febrero del 2008, en la Conferencia de Energía CERA en la ciudad de Houston, se dieron a conocer algunos resultados del análisis sobre la crisis del petróleo: «¿Demuestran los mediocres niveles de producción y las tasas de reemplazo de las reservas registrados por las principales compañías petroleras que se avecina una crisis del petróleo?

Las mayores compañías petroleras han tenido cada vez más dificultad para cumplir con una serie de desafíos y aumentar su extracción, incluyéndose los yacimientos maduros con producción en declive y regímenes restrictivos que controlan más de cerca sus recursos». Esto fue tema de debate entre los ejecutivos y analistas de la industria del petróleo en la Conferencia de Energía CERA durante esa semana. «En los próximos diez años se avecina una crisis del petróleo», dijo John Hess, presidente de Hess Corp., quien cree que las compañías y países productores de petróleo no están invirtiendo lo suficiente para asegurar que la oferta satisfaga la creciente demanda. «Aunque los descubrimientos recientes son prometedores, tenemos que encontrar una nueva cuenca productora como la del Norte de Alaska o Angola todos los años para poder extender nuestra base de recursos petroleros y apoyar los aumentos de la producción para las generaciones futuras. Dejamos de hacer esos importantes descubrimientos a fines de los noventa», afirmó.

De acuerdo a un estudio publicado el mes pasado, CERA estima que el nivel de caída global de los yacimientos en producción en la actualidad es del 4,5%, un número más bajo del esperado. El grupo dice que esto significa que el suministro de petróleo no llegará a un límite y no empezará a contraerse a un corto plazo (Reuters cic).

Los cambios climatológicos

La crisis económica en el ámbito mundial se está haciendo más palpable en algunas naciones cuando se le unen otros factores de riesgo como es el clima, este es el caso de África al sur del Sahara,

La combinación de una fuerte demanda interna y el alza de los precios internacionales de los cereales podrían avivar todavía más el ascenso de la inflación, en particular en aquellos estados costeros cuya economía depende de las importaciones. La producción de trigo no alcanzó a cubrir el consumo, en parte porque fue desplazada por la de maíz y en parte por las malas condiciones meteorológicas. Como resultado, las existencias llegaron a sus mínimos históricos y el precio del trigo se incrementó en un 30%. América Latina está siendo impactada por los altos niveles de inflación, la escasez de los productos básicos, la desaceleración de la industria, la agricultura y la competencia con los mercados más industrializados, así como por las malas cosechas debido a las condiciones de descuido de la economía ecológica y la deforestación tan grave en nuestros países. Un informe de la Organización Mundial de la Salud (OMS) pronostica un incremento de las muertes en el mundo como consecuencia de enfermedades derivadas del cambio climático.

El estudio de la OMS, presentado en la Conferencia de Naciones Unidas sobre el Cambio Climático que se lleva a cabo en Milán, Italia, advierte que el calentamiento global acarreará brotes de males como la diarrea o la malaria. Los expertos de la organización señalan que la mayor repercusión del cambio climático se sentirá en los países en desarrollo, donde los efectos del calor contribuirán a la contaminación del agua y los alimentos. Algunos cultivos vitales para la subsistencia de la población de esos países, como el arroz, podrán verse gravemente afectados como consecuencia de las variaciones en el clima de acuerdo con la OMS. De igual modo, un aumento en la cantidad de mosquitos podría diseminar en Europa enfermedades que hoy no constituyen un problema de salud, como es el caso del dengue. Algunos científicos han pronosticado que las temperaturas promedios del planeta ascenderán varios grados para el año 2030 como consecuencia de la emisión a la atmósfera de gases tóxicos, entre ellos el dióxido de carbono (Fuente: http://news.bbc.co.uk/hi/spanish/science).

Estas condiciones amenazantes no son nuevas, en la Biblia encontramos el relato histórico en el cual la nación de Egipto y los pueblos vecinos se encontraron frente a la amenaza de una depresión económica muy grave y, ante esta situación, Dios le reveló a Faraón el rey de Egipto la amenaza que venía sobre la nación. Sin embargo, fue necesaria la intervención de un siervo de Dios llamado José para que pudiera interpretar el sueño, o las condiciones favorables y desfavorables desde el punto de vista económico, y brindar las estrategias para una reactivación económica de forma anticipada, enfrentando el desafío de siete años de una bancarrota económica a escala nacional conocida como el período de las vacas flacas. Hoy en día es importante estar atentos y ser receptivos a la dirección que el Espíritu Santo pueda darle a nuestro espíritu a través de la Palabra de Dios, para de esta forma conocer si estamos a punto de enfrentar un nuevo ciclo de crisis financiera a escala internacional y poder aplicar los principios bíblicos o lineamientos estratégicos que nos permitan enfrentar este problema y vencerlo, como lo hizo Dios a través de José, y que así la nación tuviera lo necesario para poder subsistir. La pregunta que debemos hacernos es: ¿Estamos preparados mi familia y yo para hacerle frente a una bancarrota financiera a escala internacional? ¿Cuáles serían las consecuencias que esto traería a nuestra familia? ¿Qué repercusiones tendría en la iglesia del Señor Jesucristo en cuanto al avance de la predicación del evangelio a pesar de esta amenaza? ¿Qué sucedería con los activos fijos que con tanto esfuerzo hemos logrado al no poder cancelar las deudas? ¿Se ha puesto a considerar, si usted es un empresario o un comerciante, que si el producto que usted distribuye cae en una categoría de muy baja prioridad para el consumidor no tendría los mismos ingresos para poder enfrentar sus gastos fijos y pagar las deudas a tiempo, en especial de las tarjetas de crédito u otra naturaleza? ¿No cree que sería muy buena decisión orar al Señor para pedir dirección y de esta manera procurar cambiar de giro en los negocios, ya sea buscando productos alternativos o de primera necesidad que puedan tener una demanda elevada y permanente? De esta forma sería posible diversificar los productos y que una población necesitada buscara una línea de productos de primera necesidad que son los que van a tener mayor demanda en el mercado.

Proféticamente vemos en la Palabra de Dios que se avecina uno de los momentos más difíciles que van a socavar los cimientos económicos a escala global, llegando a una precaria condición económica donde lo que un trabajador gana durante el día laboral tendrá un poder adquisitivo tan bajo que solo podrá adquirir una pequeña porción de alimento que va a satisfacer de manera muy escasa las necesidades de una familia. En los tiempos apostólicos del primer siglo se podía comprar entre dieciocho y veinte libras de trigo por un denario, pero en la época de la gran tribulación el poder adquisitivo del jornal alcanzará para comprar dos libras de trigo.

«Cuando abrió el tercer sello, oí al tercer ser viviente, que decía: Ven y mira. Y miré, y he aquí un caballo negro; y el que lo montaba tenía una balanza en la mano. Y oí una voz de en medio de los cuatro seres vivientes, que decía: Dos libras de trigo por un denario, y seis libras de cebada por un denario; pero no dañes el aceite ni el vino» (Apocalipsis 6:5-6). Mientras nos acercamos a este tiempo, conocido en la Palabra de Dios como «la Gran Tribulación», vamos a comenzar a ver algunos parámetros o referencias acerca de la proximidad de esta crisis que se avecina, la cual no tendrá ningún paralelo dentro de la historia de la humanidad; sin embargo, antes de esa época, los mercados mundiales empezarán a entrar en un proceso de recesión económica cíclica, el cual tendremos que enfrentar con la sabiduría que proviene del Señor Jesús y su Santa Palabra. Esta crisis de carácter financiero comenzará a dar las pautas para una solución a la desestabilización económica global, que al parecer no tendrá solución, y es así como surgirá una estrategia financiera que supuestamente estabilizará la economía y evitará el desplome económico de las naciones, la cual emergerá y será controlada por las naciones más fuertes de la tierra en ese momento, estableciendo el control de la adquisición y la venta conocido como el sistema económico 666, que será promulgado por el anticristo con una visión mesiánica en el área económica y al cual verán los que crean en este sistema como «el salvador de los problemas financieros en el ámbito global», siendo esta una de las razones por las que todas las naciones de la tierra le admirarán y se someterán de modo incondicional a su imperio en las áreas políticas, jurídicas, económicas, militares y religiosas. Si nosotros conocemos a la luz de la Palabra de Dios estos acontecimientos, debemos hacer un balance de lo que hoy en día está sucediendo, lo cual es como observar una pequeña nube en el horizonte de lo que un día serán las condiciones espirituales y socioeconómicas en la época de la Gran Tribulación.

El hecho de hacer este breve análisis superficial a través de las evidencias de una inminente depresión económica en el futuro —aunada con algunas amenazas como son las epidemias, las guerras, el alza del petróleo, la inestabilidad política de los pueblos, el terrorismo, los terremotos, los huracanes y otros desastres naturales, siendo estos elementos latentes de alto riesgo que amenazan la economía de los pueblos de forma sorpresiva sin importar las medidas económicas que se han tomado, pues ante estos fenómenos cuando son de carácter prolongado no existe manera de mantenerse en pie— nos debe llevar a reflexionar en nuestra condición presente y a buscar en Dios y su Santa Palabra la dirección prudente, inteligente y sabia para tomar las medidas preventivas sin esperar a que ya estemos enfrentando a este gigante. La Biblia dice que «el Espíritu de Dios nos guiará a toda verdad», así que, aunque no existieran todas las evidencias de amenazas de un desequilibrio económico a escala global como el antes mencionado, el Espíritu Santo, testificando al espíritu y el corazón de cada creyente en Cristo Jesús, nos está alertando para considerar los tiempos en los que estamos viviendo y tomar las medidas sabias para enfrentar este desafío y ayudar a nuestro prójimo, la iglesia y nuestra nación a tener los recursos necesarios en los momentos difíciles que tengamos que enfrentar. En el tiempo de José, cuando la nación de Egipto vio el milagro de la sabiduría divina a través de él para preservar a la nación, se levantó un testimonio de inmenso valor acerca de la verdad de Dios en medio de un pueblo entregado al paganismo, el cual sirvió como lumbrera para el camino no solo de Egipto, sino de todos los pueblos a lo largo de los siglos.

CAPÍTULO DOS
RENDIR LOS RECURSOS ECONÓMICOS A LA ADMINISTRACIÓN DE DIOS

Génesis 41:29-36

He aquí vienen siete años de gran abundancia en toda la tierra de Egipto. Y tras ellos seguirán siete años de hambre; y toda la abundancia será olvidada en la tierra de Egipto, y el hambre consumirá la tierra. Y aquella abundancia no se echará de ver, a causa del hambre siguiente la cual será gravísima. Y el suceder el sueño a Faraón dos veces, significa que la cosa es firme de parte de Dios, y que Dios se apresura a hacerla. Por tanto, provéase ahora Faraón de un varón prudente y sabio, y póngalo sobre la tierra de Egipto. Haga esto Faraón, y ponga gobernadores sobre el país, y quinte la tierra de Egipto en los siete años de la abundancia. Y junten toda la provisión de estos buenos años que vienen, y recojan el trigo bajo la mano de Faraón para mantenimiento de las ciudades; y guárdenlo. Y esté aquella provisión en depósito para el país, para los siete años de hambre que habrá en la tierra de Egipto; y el país no perecerá de hambre.

Algunos cristianos se preguntan: ¿Por qué estoy pasando por estos problemas económicos y Dios no me prospera?

En muchos casos, la falta de respuesta a esta situación tiene que ver con nuestra actitud de aceptación o rechazo hacia la sabiduría que emana de la Palabra de Dios en materia de economía. El Señor no quiere darnos respuesta solo en áreas de necesidad como la salvación o la vida eterna, la sanidad divina, la liberación de rencores y otras bendiciones espirituales y anímicas, pero nosotros ignoramos que Dios desea bendecirnos integralmente, lo cual incluye la parte educativa, laboral y económica. Y es a través de su Palabra que encontramos la respuesta a estas necesidades, pues él desea que tengamos todo lo necesario en la vida, para lo cual es indispensable recibir las indicaciones sabias que encontramos en la Palabra de Dios que nos ayudan a enfrentar los problemas financieros de una manera anticipada y prudente. Analicemos algunos consejos indispensables que se activan por medio de la fe para gozar de los recursos económicos necesarios:

Rendir los recursos económicos a la administración de Dios

En Génesis 41:33, la Palabra de Dios está revelando de forma simbólica a través de José la importancia de reconocer, aceptar y someternos incondicionalmente a la administración de Dios como el primer fundamento de una economía saludable y perdurable. «Por tanto, provéase ahora Faraón de un varón prudente y sabio, y póngalo sobre la tierra de Egipto».

La principal piedra de tropiezo para muchos cristianos en lo que se refiere al buen desarrollo de la salud financiera es no querer reconocer que no somos dueños de nada, sino administradores de los bienes de Dios. Hageo 2:8 señala: «Mía es la plata, y mío el oro, dice Jehová de los ejércitos». El oro y la plata son algunos de los elementos utilizados en todos los tiempos como estabilizadores económicos, sin tomar en cuenta que los mismos tienen un dueño: Dios. Ante tal revelación, debemos aceptar nuestro papel de mayordomos y no de dueños para establecer el verdadero fundamento de la economía, pudiendo así edificar sobre este una buena administración financiera y garantizar el éxito aun en los momentos más críticos. ¿Cree que Dios le dará sabiduría y oportunidades para prosperar económicamente a un cristiano que se hace señor y dueño de lo que no le pertenece? ¿No cree que sostener una hipótesis equivocada sobre la propiedad de los recursos de forma obstinada le dañaría espiritual y moralmente, haciéndole correr el alto riesgo de llegar a la egolatría y amar al dinero más que a Dios y su prójimo? Por estas y muchas otras razones se detiene la bendición de Dios sobre muchas personas, hasta que Jesús sea el Señor de nuestra vida y de los recursos que están bajo nuestras manos.

El rendir o consagrar los recursos económicos a la administración de Dios fue el consejo o la piedra angular que José le entregó al primer mandatario de Egipto para evitar una crisis económica y social sin precedentes en la nación. ¿Está usted dispuesto a aceptar este desafío que nos hace la Palabra de Dios de poner todo lo que tenemos delante de nuestro Señor Jesucristo y gozar de su sabia dirección, de modo que podamos honrarle y tener lo necesario para la familia y para ayudar a nuestro prójimo? En Génesis 41:33,38-40 encontramos este principio o piedra angular de la economía: «Provéase ahora Faraón de un varón prudente y sabio, y póngalo sobre la tierra de Egipto ... y dijo Faraón a sus siervos: ¿Acaso hallaremos a otro hombre como éste, en quien esté el espíritu de Dios? Y dijo Faraón a José: Pues que Dios te ha hecho saber todo esto, no hay entendido ni sabio como tú. Tú estarás sobre mi casa, y por tu palabra se gobernará todo mi pueblo».

Ante la amenaza de una inminente quiebra financiera a

nivel mundial, la primera estrategia económica por excelencia y la más sabia es consagrar nuestra vida, nuestro trabajo y nuestros bienes a Dios oportunamente. Analicemos por lo menos *tres razones* para dar este paso estratégico al enfrentar una crisis económica:

a) Porque Dios es el único dueño de todo lo que existe.

En Colosenses 1:16, la Biblia dice: «Porque en él fueron creadas todas las cosas, las que hay en los cielos y las que hay en la tierra, visibles e invisibles; sean tronos, sean dominios, sean principados, sean potestades; todo fue creado por medio de él y para él».

Reconocer esta verdad, que todo lo que tengo le pertenece a Dios, anula el orgullo y el egocentrismo que es indudablemente la fuente de las malas decisiones, tanto en la economía como en otros aspectos de la vida, pero además nos puede librar de una quiebra financiera y por consiguiente de una ruptura en el núcleo familiar. Por otra parte, la aceptación de esta verdad acerca de que Dios es el único dueño y soberano nos llevará a consagrarle lo que tenemos, lo cual evitará que caigamos en el materialismo o el amor al dinero, que es el cáncer de los valores y principios que nos conducen a una economía saludable. En realidad, Dios no necesita de las cosas materiales, pero para nuestra salud espiritual y moral todo tiene que retornar a la administración de Dios: «Todo fue creado por medio de él y para él».

Esto implica que mi papel con respecto a todo lo que Dios me ha entregado es el de «mayordomo», no el de dueño, lo cual sin dudas me ayudará a ser más responsable y eficiente en el manejo de todos los bienes que están a mi cargo, pues es a Dios al que tengo que darle cuentas. ¿Está usted dispuesto a consagrarle al Señor *en oración* su familia, su vida, su trabajo, su profesión, sus talentos, su salud, sus ingresos, sus ahorros, su casa y otros bienes? *Este acto de reconocimiento y consagración es la piedra angular de la sabiduría que conduce a una economía saludable* y le permitirá contar con la dirección sabia, la provisión económica, la autoridad, el liderazgo y oportunidades increíbles provenientes de Dios, para ser de bendición en la extensión del evangelio y lograr el beneficio de nuestra familia y nuestro prójimo. La segunda razón por la que debemos consagrarle todo al Señor Jesús es:

b) Porque Dios es el único sustentador.

La Biblia afirma en Colosenses 1:17: «Y él es antes de todas las cosas, y todas las cosas en él subsisten». Esto significa que el Señor Jesucristo es el fundamento que mantiene la estabilidad y el equilibrio de todas las cosas que existen, entre las cuales están los recursos económicos. Es un error creer que la estabilidad financiera depende de la sabiduría humana o la efectividad de las políticas económicas, de las alianzas estratégicas de una nación o empresa, de los sistemas y políticas gubernamentales o de los talentos individuales. Es importante que reflexionemos en lo que nos dice la Biblia al respecto: «Si Jehová *no edificare* la casa, *en vano trabajan los que la edifican*; si Jehová no guardare la ciudad, en vano vela la guardia. Por demás es que os levantéis de madrugada, y vayáis tarde a reposar, y que comáis pan de dolores; pues que a su amado dará Dios el sueño» (Salmo 127:1-2). La protección, la provisión y la estabilidad de los recursos económicos depende del favor de Dios, y el ejemplo más evidente es ver cómo la creación es sustentada por las leyes divinas que gobiernan el universo, las cuales lo mantienen funcionando con una constante precisión matemática. Esto nos testifica día a día que si somos dóciles y dependemos de las leyes dadas en la Palabra de Dios con relación al área financiera, aun en los momentos más difíciles, como fue el caso de la viuda de Sarepta de Sidón (véase 1 Reyes

17:8-16), habrá una provisión oportuna y una estabilidad en los recursos necesarios para vivir, incluyendo la inagotable fe en Jesús y su Palabra que nos libera de la bancarrota más extrema. Es *el favor de Dios* el que da la estabilidad en una constante dinámica económica. La tercera razón por la cual debemos consagrar todo a los pies de Jesús es:

c) Porque Dios es el único sabio.

En Colosenses 2:3, la Biblia dice: «En quien están escondidos todos los tesoros de la sabiduría y del conocimiento». La soberbia es la que desencadena un comportamiento de autosuficiencia y ha conducido a millones de personas al fracaso en todas las áreas de la vida. Incluso la tercera parte de los ángeles no se escapó de su ponzoña al ser inducidos a rebelarse contra Dios y conducidos a la quiebra espiritual. Esta es una poderosa razón para sujetarnos al consejo del Señor Jesús: «Separados de mí nada podéis hacer». Dios es el creador de todos los recursos materiales e inmateriales, tales como la sabiduría y el conocimiento, que son tan necesarios para conducirse de manera saludable en todas las etapas de la vida, entre las que se encuentra una administración financiera más segura. Por tal motivo, debemos conocer los principios divinos y depender de ellos en todas nuestras operaciones y manejos financieros. Los principios o leyes económicas traen los mejores beneficios, por lo que Dios las reveló desde el génesis de la historia humana y hasta el futuro apocalíptico económico.

Jesús dijo: «El cielo y la tierra pasarán, pero mis palabras no pasarán» (Mateo 24:35), y podemos decir que esta verdad genera una esperanza de desarrollo sostenido porque nada ni nadie la pueden cambiar. Además, la autoridad de esta verdad es poderosa al depender con obediencia de las leyes que determinan la economía fundamentada en la Palabra de

Dios, lo que constituye la tercera razón por la cual tenemos que consagrar todo al Señor Jesús. Surge entonces una pregunta: *¿Cómo puedo de una forma práctica rendir todos los recursos económicos a la administración de Dios?*

Primer paso: Arrepentimiento. Llevar a cabo un acto sincero y profundo de arrepentimiento en oración por haber ofendido a Dios, al no reconocer que es el dueño de todo lo que tengo, y apropiarme de sus leyes divinas y rechazarlas para seguir mis propios criterios. La Palabra dice que Dios nos asegura el perdón si reconocemos nuestros pecados y los confesamos, aceptando por medio de la sangre de Cristo su misericordia. La Biblia dice en el libro de Proverbios 28:13: «El que encubre sus pecados *no prosperará*; mas el que los confiesa y se aparta alcanzará misericordia». Después de pedir perdón, debemos en la misma oración hacer un acto de consagración al Señor por los bienes recibidos.

Segundo paso: Dar los diezmos y las ofrendas. Como un testimonio de fe, reconocimiento y dependencia en Dios, Proverbios 3:9 dice: «Honra a Jehová con tus bienes, y con las primicias de todos tus frutos». En realidad, Dios no necesita nada de nosotros, pues él es completo en sí mismo, pero al entregar la décima parte de nuestros ingresos y dar las ofrendas, estamos colocando espiritualmente al Señor por encima de nuestros recursos económicos, y esta valorización es un acto que le da honra o preeminencia a Dios sobre el amor al dinero o el materialismo que ha destruido la sensibilidad humana y los valores del reino de Dios. Los que adoran al dinero como su dios se han deshumanizado y son los responsables de la miseria y el dolor hasta de su propia familia, por tal razón el apóstol Pablo, inspirado por el Espíritu Santo, señaló: «Porque raíz de todos los males es el amor al dinero, el cual codiciando algunos, se extraviaron de la fe, y fueron traspasados de muchos dolores» (1 Timoteo 6:10). Para evitar caer en tal desgracia, Dios estableció el principio de la consagración continua y sistemática de los recursos económicos por medio de los diezmos y las ofrendas, con lo que se da a entender con claridad que nuestra dependencia está en Dios y no en el trabajo o dinero; por tal motivo, podemos asegurar que este principio divino es una vacuna contra la avaricia, principal causa del desequilibrio económico y social de las naciones. Abraham entendió y actuó bajo este principio espiritual cuando después de una batalla entregó los diezmos a Melquisedec al considerarlo como superior a él mismo, llevando a cabo un acto de reconocimiento, dependencia y honra al entregarle tales diezmos. «Considerad, pues, cuán grande era éste, a quien aun Abraham el patriarca dio diezmos del botín» (Hebreos 7:4). El cristiano que considera la grandeza de Dios sobre su propia persona entregará los diezmos y las ofrendas; el que no lo hace, refleja su soberbia o altivez de ojos sobre la naturaleza y el plan de Dios por medio de prejuicios y excusas, manipulando incluso el texto bíblico y haciendo malas interpretaciones para tratar de justificar su pecado de avaricia y encontrar una falsa justificación para no hacer lo correcto. Jesús, hablándoles a los fariseos, les dijo: «¡Ay de vosotros, escribas y fariseos, hipócritas! Porque diezmáis la menta y el eneldo y el comino, y dejáis lo más importante de la ley: la justicia, la misericordia y la fe. Esto era necesario hacer, *sin dejar de hacer aquello*» (Mateo 23:23). El Señor está presentando la importancia de mantener una observancia completa de los principios bíblicos de forma integral, para así no caer en el fariseísmo; por tal razón se refiere en este caso a no dejar de diezmar, pero sin olvidar hacer lo justo con misericordia y caminar por fe. Dios dice en su Palabra: «Yo honraré a los que me honran» (1 Samuel 2:30), y esto es exactamente lo que nos conecta con el principio de la sabiduría divina al darle al Señor la reverencia, la honra y la preeminencia en nuestra vida y en lo que tenemos, aun en lo que pensamos tener, y de este modo ver más allá de nuestra prudencia hacia la sabiduría estratégica, el equilibrio de nuestras prioridades, las decisiones adecuadas, las nuevas oportunidades y la seguridad. Por tal motivo, Salomón, el hombre más rico y sabio de su tiempo, dijo: «Honra a Jehová con tus bienes, y con las primicias de todos tus frutos; y serán llenos tus graneros con abundancia, y tus lagares rebosarán de mosto» (Proverbios 3:9-10). Estoy seguro de que si este principio es ubicado dentro de los activos de sus balances contables, su situación financiera nunca será la bancarrota.

CAPÍTULO TRES

ESTABLECER UNA ESTRUCTURA DE APOYO EN SUS COLABORADORES

Génesis 41:34

Haga esto Faraón, y *ponga gobernadores* sobre el país, y quinte la tierra de Egipto en los siete años de la abundancia.

Una buena administración financiera es la que se desarrolla a través de un equipo de colaboradores en el cual podamos apoyarnos para liberar a un grupo de las amenazas de una profunda crisis económica, a pesar de que sea una sola persona la que recibe las estrategias de parte de Dios. La Biblia dice: «Mejores son dos que uno; porque tienen mejor paga de su trabajo» (Eclesiastés 4:9). Al ir en contra de este principio nos convertiremos en «llaneros solitarios» en la administración económica, lo cual nos llevará al fracaso. Es por esto que el consejo de José a Faraón fue poner gobernadores sobre el país, pues debido a la importancia, necesidad, urgencia y magnitud del proyecto era imperante establecer una estructura de apoyo para tener una economía saludable. Cuando exista una amenaza inminente sobre la familia, la iglesia y la nación, Dios levantará a alguna persona dándole la sabiduría necesaria para guiar a ese grupo y ganar la batalla, pero lo ejecutará creando equipos de trabajo formados por personas idóneas debido a la dimensión del proyecto y para asegurar la efectividad de las estrategias, la administración efectiva de los recursos y el control efectivo de los bienes, de modo que cumplan el fin por el cual fueron dados por Dios.

¿Es usted de aquellas personas que toman decisiones unilateralmente por orgullo y no escucha consejos ni permite que alguien le ayude? Renuncie a toda posición y esquema de alto riesgo para seguir la sabia orientación de las Sagradas Escrituras. Dios concede los recursos en los períodos de abundancia, cuando él sabe de antemano que vamos a aceptar el consejo administrativo de tener una organización con un equipo de apoyo que nos ayude a desarrollar el propósito divino. Algunas personas estorban la provisión de Dios, aunque la deseen, porque han hecho el pacto con ellas mismas de «no necesitar la ayuda de nadie», viviendo bajo el gobierno del egocentrismo y la vanidad. Conociendo Dios el alto riesgo que esta clase de personas tiene, al obtener un superávit de bendiciones, debido a su inmadurez espiritual, esta persona de seguro sería dañada en su vida espiritual, anímica, familiar y laboral; así que por tal motivo Dios detiene sus bendiciones de carácter financiero. José fue un hombre humilde y manso, que son las dos cualidades espirituales fundamentales para ser un administrador por excelencia y garantizar el éxito del proyecto al reconocer la necesidad de ayuda de otras personas otorgándoles la autoridad necesaria.

Existen algunas razones importantes para apoyarnos en una estructura de colaboradores que sean temerosos de Dios y tengan su visión:

a) En primer lugar, para buscar el consejo sabio y no tomar decisiones arbitrarias.

La Biblia dice: «Donde no hay dirección sabia, caerá el pueblo; mas en la multitud de consejeros hay seguridad» (Proverbios 11:14). En el área financiera se tiene que buscar una estructura de orientación y operatividad como José lo hizo a la hora de administrar el trigo, para que así no pereciera la nación de Egipto. La Biblia también señala: «Los pensamientos son frustrados donde no hay consejo; mas en la multitud de consejeros se afirman» (Proverbios 15:22).

Tome en cuenta a la persona que Dios ha puesto a su lado como su cónyuge, pues es la ayuda idónea que Dios le ha dado, y no la desvalorice al rechazar sus sugerencias, porque es muy probable que Dios esté usándole para darle a usted un consejo oportuno y de igual manera a los hijos, tomando en cuenta sus opiniones cuando estén relacionadas con la Palabra de Dios. La familia es la primera estructura de apoyo que debe velar por el interés sincero y el amor mutuo con el propósito de ver un negocio floreciente y una buena administración de los ingresos, ya que por otra parte podemos ver que la hipocresía en el medio que vivimos es el pan diario, aprovechándose de su prójimo.

No haga alianzas en sus negocios con personas que no han nacido de nuevo, ya que sus propósitos y estrategias financieras difieren grandemente de los principios para el éxito provistos por la Palabra de Dios y podrían llevarle a una ruptura de cualquier alianza o sociedad, pues la ética de los valores de los nacidos de nuevo es diametralmente opuesta a la de aquellos que no han experimentado el milagro del nuevo nacimiento o la salvación.

b) En segundo lugar, para descansar.

La Biblia dice: «Mejores son dos que uno; porque tienen mejor paga de su trabajo» (Eclesiastés 4:9). Es evidente que la calidad y la cantidad del esfuerzo laboral, con el equipo idóneo, dará mejores resultados en la obtención de los suficientes ingresos para enfrentar los tiempos de las «vacas flacas».

Una buena administración significa alcanzar los objetivos a través de una sabia y prudente delegación de funciones, evitando caer en una administración centralizada. En el capítulo 18 del libro de Éxodo, la Biblia nos relata la condición en la cual se encontraba Moisés y todo el pueblo a raíz de una administración centralizada (carecía de un equipo de trabajo por falta de conocimiento y orientación); la situación era de desánimo y fatiga, lo que los llevó a la frustración al no ver realizados todos los objetivos esperados. Entonces su suegro Jetro le hizo ver que esa clase de administración está condenada a la ruina y le aconsejó establecer una administración descentralizada con un equipo de trabajo idóneo para llevar la carga juntos y evitar que la visión de Dios se viera amenazada por el fracaso. Este mismo principio es el que José aplicó bajo la sabiduría de Dios al sugerirle a Faraón establecer gobernadores en todo el país debido a la importancia del proyecto, su dimensión, urgencia, y para asegurar la efectividad del mismo. Así José pudo descansar en un equipo de apoyo y evitar caer en la fatiga física y un estado de ansiedad y afán. Cuando no delegamos bajo la sabiduría de Dios, esto se puede transformar en una carga en lugar de una satisfacción, es necesario delegar en otras personas que nos ayuden a hacer el trabajo en forma efectiva. Sin embargo, surge una interrogante: *¿Cómo puedo escoger a las personas que sean dignas de confianza y puedan cumplir la tarea asignada?* Para tener una respuesta positiva, es necesario:

(1) Orar a Dios para que nos dé las personas idóneas que sean conformes a su corazón. Jesús es nuestro ejemplo cuando pasó toda la noche orando antes de escoger a sus discípulos. «En aquellos días él fue al monte a orar, y pasó la noche orando a Dios. Y cuando era de día, llamó a sus discípulos, y escogió a doce de ellos, a los cuales también llamó apóstoles» (Lucas 6:12-13).

(2) Analizar, evaluar y pedir discernimiento para saber si las personas que se van a escoger tienen la visión de Dios y

la han abrazado con todo su corazón, de lo contrario, toda persona que no tenga la misma visión y se introduzca en el sistema va a traer una *división*, una palabra compuesta que significa «dos visiones». La Biblia dice: «¿Andarán dos juntos, si no estuvieren de acuerdo?» (Amós 3:3). José escogió a hombres que comprendieron la visión de Dios para el pueblo y la hicieron suya, por tal motivo, toda persona que ha de colaborar en un proyecto de restauración económica debe entender los objetivos de forma clara para que se involucre con todo su corazón y no sencillamente para lucrarse con el mismo.

(3) Buscar fidelidad e idoneidad. Las personas que han de formar parte del equipo de trabajo necesitan tener dos cualidades que están descritas en la Biblia, deben ser fieles e idóneos (véase 2 Timoteo 2:2). Es decir, precisan ser fieles a Dios y a las personas a las que han de beneficiar, así como también capaces de realizar el trabajo, que se les pueda asignar las tareas.

Estos tres principios son fundamentales, entre otros, para escoger al equipo de apoyo con una misión que esté destinada al éxito.

c) En tercer lugar, para ser efectivos.

El plan de Dios debe ser respetado íntegramente, no tiene por qué ser obstaculizado, y debemos estar seguros de que cuando seguimos los lineamientos que la Palabra de Dios nos establece, terminaremos con éxito todo lo que emprendamos. Todos los actos de Dios en la tierra son hechos de forma conjunta con su iglesia, es decir, su equipo de trabajo para que sean ejecutadas sus obras y se lleven a feliz término. La efectividad tiene valor solo cuando se cumplen las expectativas de lo proyectado, este fue el caso de José y el equipo de gobernadores, pues en el proceso de la recolección, el almacenaje y la distribución del trigo tuvieron éxito. Ante una amenaza contra la familia, el trabajo, la economía de la iglesia y la de la nación, lo menos que se espera es tener éxito en la preservación de lo que Dios nos ha entregado como preciosos valores: las personas. Para ello se requiere de colaboradores que sean fieles e idóneos, y entre las muchas características de estas personas están:

(1) Ser un cristiano nacido de nuevo para que tenga comunión con Dios.

(2) Llevar una vida santificada para que el pecado no le impida el acceso a la sabiduría.

(3) Tener discernimiento espiritual para poder interpretar las circunstancias más allá de la óptica común, ver lo que otros no ven, y tener así un parámetro más confiable del futuro.

(4) Tener valentía para presentar el proyecto de recuperación económico bien fundamentado con el respaldo de Dios.

(5) Aprovechar las puertas que el Señor abre y las oportunidades que nos da a través de diferentes personas que Dios puede animar a favorecernos.

(6) Desarrollar un equipo de trabajo fiel e idóneo, para que sea digno de confianza y honesto, de modo que no se entorpezca el desarrollo del proyecto que Dios ha puesto bajo nuestra responsabilidad.

(7) Mantener una actitud de siervo ante Dios y los demás cuando se encuentre en el pedestal de la prosperidad, sin permitir que la vanagloria llene su corazón y caiga en el mismo pecado de Satanás cuando se encontró en la cúspide de su vida.

(8) Entender que nuestra misión es ser canales para la distribución de la bendición divina a los demás, y que nuestra

satisfacción será contemplar el amor de Dios manifestándose a cada persona que goza de paz.

(9) Vivir agradecidos por la inmensa misericordia de Dios hacia todos al ver la efectividad de la preservación en medio de un mundo que camina a ciegas.

(10) Darle la gloria a Dios por habernos escogido y reconocer que todo el proceso de recuperación y sustentación ha sido posible únicamente por la mano bendita de nuestro Señor.

El poder contar con un equipo de trabajo que comprenda la visión y misión que Dios le ha encomendado hará que surjan personas fieles e idóneas, responsables y diligentes, para llevar a feliz término el programa de rescate de una quiebra económica.

CAPÍTULO CUATRO
REINVERTIR LAS GANANCIAS O EXCEDENTES EN LA ACTIVIDAD NORMAL DEL NEGOCIO Y EL AHORRO
Génesis 41:34-36

Haga esto Faraón, y ponga gobernadores sobre el país, y *quinte la tierra* de Egipto en los siete años de la abundancia. Y *junten toda la provisión* de estos buenos años que vienen, y *recojan* el trigo bajo la mano de Faraón *para mantenimiento* de las ciudades; *y guárdenlo*. Y esté *aquella provisión en depósito para el país*, para los siete años de hambre que habrá en la tierra de Egipto; y el país no perecerá de hambre.

Uno de los graves errores de la inmensa mayoría es gastar las ganancias o excedentes en cosas no necesarias o bienes suntuarios, esclavizándose a ser víctimas del consumismo y desaprovechando la oportunidad de reinvertir tales dividendos en su negocio o ahorrarlos para no depender de un préstamo. Este problema refleja una falta de visión y reflexión con relación a los tiempos que estamos viviendo, sin importar los pequeños avisos de la amenaza de una bancarrota financiera a escala global. Somos tardos para aprender de las malas experiencias de que fueron víctimas algunas regiones del mundo por algún tiempo, como «los tigres del oriente», la crisis en Argentina, la desaceleración de la economía de los Estados Unidos por el exceso de confianza en la política del estado, los sistemas económicos, la estabilidad de la empresa o los negocios, y el tiempo y la experiencia en el trabajo y el crédito, como si todos estos fundamentos no fueran vulnerables a los rápidos cambios de los sistemas políticos, económicos, laborales y a las variaciones sorpresivas e impredecibles de la naturaleza, todo esto unido a la constante amenaza de una guerra con efectos internacionales.

Es importante que cuando haya algún excedente o ganancia, no se desperdicie esa oportunidad para crear los suficientes graneros y almacenar la bendición que Dios nos está enviando para el beneficio de la familia, nuestro prójimo y la obra de Dios. El consejo de José a Faraón fue comenzar una *cultura de ahorro* para la inversión sabia durante el tiempo de oportunidad, ya que el mismo no siempre llega: «Quinte la tierra de Egipto en los siete años de la abundancia. Y junten toda la provisión de estos buenos años que vienen, y recojan el trigo bajo la mano de Faraón para mantenimiento de las ciudades; y guárdenlo». Las oportunidades y bendiciones llegan en momentos estratégicos y deben ser aprovechadas para suplir las necesidades del presente y como previsión para las necesidades que se ven en el horizonte. Las medidas económicas no existen para ser tomadas en el futuro, *es ahora en el tiempo de la bendición o superávit que debemos ahorrar e invertir estratégicamente con una visión sabia y clara dentro de la voluntad de Dios*, debido a los cambios repentinos que el mundo está dando hacia el cumplimiento profético. Algunas de las inversiones presentes deben estar orientadas a la educación de los hijos, la obtención de una vivienda, una alimentación adecuada, la mejora de la salud, la ayuda al prójimo, el avance de la predicación del evangelio y otros rubros de inversión. ¿Vive según una cultura de ahorro o de consumismo? ¿Es víctima de un estilo de vida que no está de acuerdo a su realidad económica? ¿Cuándo fue la última vez que ahorró un porcentaje de sus ingresos de forma sistemática? ¿Qué piensa hacer instantáneamente con el dinero que recibe? Estas y otras preguntas nos harán recapacitar en si estamos siguiendo los principios bíblicos para evitar una crisis que pudo haber sido prevista. Estamos condicionados por los altos niveles de publicidad a pensar en el crédito y no en el ahorro. Esto se debe a que a las instituciones bancarias les produce más ingresos el crédito que el ahorro, por lo que al actuar de modo irreflexivo usted se conducirá por la alternativa equivocada que la mayoría de las personas ha transitado: acudir al crédito y no al ahorro y la inversión a causa de las facilidades que la banca ofrece a través de los préstamos rápidos como las tarjetas de crédito y otras estrategias crediticias. No reflexionamos en que tal modo de actuar es como un bumerán, que con el tiempo socavará la estabilidad de los bancos y la economía de la nación debido a una simple conclusión: Si las familias están en bancarrota financiera, lo estará la nación. Un ejemplo de esto es la quiebra de una entidad financiera en los Estados Unidos en el 2007: «HomeBanc se declaró en bancarrota, con lo que se suma a la larga lista de empresas del sector afectadas por la crisis iniciada por la *concesión de créditos* de alto riesgo ("subprime"). A través de un comunicado, la compañía anunció igualmente su decisión *de no volver a adelantar fondos para préstamos* hipotecarios y no admitir nuevas solicitudes. Al igual que otras empresas del sector, HomeBanc explica que esta medida, tomada "después de cuidadosas consideraciones", se debe a su "incapacidad para responder de sus obligaciones de financiación de préstamos hipotecarios"».

Hemos visto el fracaso de la hipótesis financiera de la prosperidad a través del préstamo, la cual ha sido una panacea altamente comercializada, al punto de que un alto porcentaje de las naciones ha creído y dependido de la hipótesis:

«Hazte rico con el dinero de otros». Esto se ha llevado a cabo por medio del canal de los recursos económicos ajenos vía el préstamo; los altos niveles de ansiedad de obtener en el menor tiempo posible las cosas deseadas; así como la falta de experiencia, conocimiento, disciplina, identidad o aceptación de lo que somos en Cristo, para no caer de forma inconsciente en la manipulación del dicho popular: «Tanto tienes, tanto vales», el cual ha dañado a muchas personas con un bajo nivel de autoestima e incluso a aquellas que no la tenían y se embarcaron en la mentira de ser individuos exitosos por medio de la acumulación de bienes, lo que en su voraz apetito les hizo ser víctimas del mismo mal.

La Biblia nos enseña los principios del ahorro y la inversión, no del préstamo: «El rico se enseñorea de los pobres, y *el que toma prestado es siervo del que presta*» (Proverbios 22:7). La moderna esclavitud aceptada en todas las naciones radica en «producir más deudores» por medio de las cadenas de préstamos, a causa de lo cual muchos individuos, familias, empresas y naciones se han sometido como esclavos de sus acreedores. ¿Por qué hemos de privarnos de la libertad de disponer de lo que Dios nos ha dado, sirviendo a los intereses de otros de forma obligatoria por un préstamo y ayudándoles a incrementar sus riquezas a costa de los pocos ingresos que recibimos? Se habla mucho de la importancia de vivir y gozar de la libertad, sin embargo, de forma paradójica, las mismas naciones que defienden la libertad son esclavas y esclavizadoras. La cultura del préstamo está amenazando a la clase media con desaparecer, pues la misma es la más endeudada y al no poder pagar sus créditos, retrocederá en su progreso económico y pasará a formar parte de la clase más necesitada, abriéndose una brecha muy distante entre los más ricos y los más pobres y haciendo retroceder a la sociedad a la época del feudalismo. Alan Greenspan dijo: «Cada economía crece y prospera como sus habitantes … En los Estados Unidos, la quiebra personal acapara cerca del 90% del total de casos de bancarrota».

Uno de los fenómenos sociales que se están observando en los Estados Unidos es que la clase media está desapareciendo paulatinamente, los empresarios Donald Trump y Roberto Kiyosaki dicen en uno de sus libros: «Los ricos son cada vez más ricos, y Estados Unidos es cada vez más pobre. Al igual que las capas de hielo en los polos, la clase media está desapareciendo. Estados Unidos está convirtiéndose en una sociedad dividida en dos clases». Estos mismos fenómenos se están dando en nuestras naciones, y es imperativo vernos en ese espejo, pues como dice el dicho popular: «Cuando los Estados Unidos estornudan, todo el mundo pesca un resfriado».

La voluntad de Dios es que progresemos en todas las áreas de nuestra vida, por tal motivo es necesario seguir los consejos bíblicos para no ser esclavos de los préstamos y desarrollar un sistema de *autocapitalización sistemático*, lento pero seguro. Esa fue la estrategia a seguir durante los siete años de «las vacas gordas», llevándose a cabo el ahorro y la inversión para enfrentar las circunstancias imprevistas que pueden azotar a las naciones, las familias y los negocios. La ley es inexorable e inevitable, para aquel que creyó en el endeudamiento, «el que toma prestado es siervo del que presta».

Dentro de los principios o valores culturales que han hecho surgir a Taiwán como una potencia económica se encuentra este: «El no trabajar y pedir prestado es una vergüenza». El problema del endeudamiento está socavando la solidez financiera de cada familia y la economía de las naciones. Rogoff, economista del Fondo Monetario Internacional, expresó su preocupación sobre el problema del déficit mundial y dejó bien claro que la expansión de la deuda era «uno de los riesgos principales que la economía mundial corre». El mal uso de las tarjetas de crédito es uno de los factores que están hundiendo tanto a las familias como a las naciones más poderosas económicamente.

Michel Girardin, de la Unión Bancaria Privada (Unión Bancaire Privée) de Ginebra, señaló: «Los Estados Unidos deben salir de modo absoluto del sobreendeudamiento que conocen desde hace veinte años, después del gobierno de Reagan, pues los estadounidenses viven por encima de sus capacidades. El consumidor estadounidense gasta fácilmente el dinero que no tiene. Los bancos cargan entonces con una pesada responsabilidad, ¿no es así? Desde una edad muy temprana, los estadounidenses adoptan la costumbre de vivir en base al crédito. Cada día reciben entre cinco y diez anuncios publicitarios en su correo para obtener cartas de crédito que con frecuencia compiten entre sí a través de la oferta de costos reducidos». Este cuadro es el mismo que se está viviendo en casi todas las naciones del mundo, pero debemos aprender de los errores de otros y de sus aciertos, y es de sabios aceptar el consejo.

Uno de los factores que está llevando a la nación de los Estados Unidos a una recesión económica es el *endeudamiento*, por lo que una publicación de las Naciones Unidas en enero del año 2008 declaró: «Considerando la reducción proyectada del déficit de los Estados Unidos, los riesgos de un ajuste desordenado no han desaparecido, ya que *el nivel de endeudamiento de los Estados Unidos sigue creciendo*. Como resultado del déficit crónico en la cuenta corriente en la última década, la posición de endeudamiento neto de los Estados Unidos se estima en alrededor de tres billones de dólares en el 2007, cerca del 25% del PIB. El amplio déficit en cuenta corriente y la percepción de que la posición de endeudamiento de los Estados Unidos podría estar alcanzando niveles insostenibles han sido algunos de los factores que explican la depreciación del dólar estadounidense en cerca del 35% desde el 2002 frente a las principales divisas que circulan en el mercado internacional. Una caída abrupta del dólar deprimiría de inmediato la demanda de los Estados Unidos por los bienes del resto del mundo. Adicionalmente, teniendo en cuenta que muchos países en desarrollo tienen grandes cantidades de reservas internacionales en activos denominados en dólares, una depreciación aguda del dólar implicaría sustanciales pérdidas financieras para dichos países».

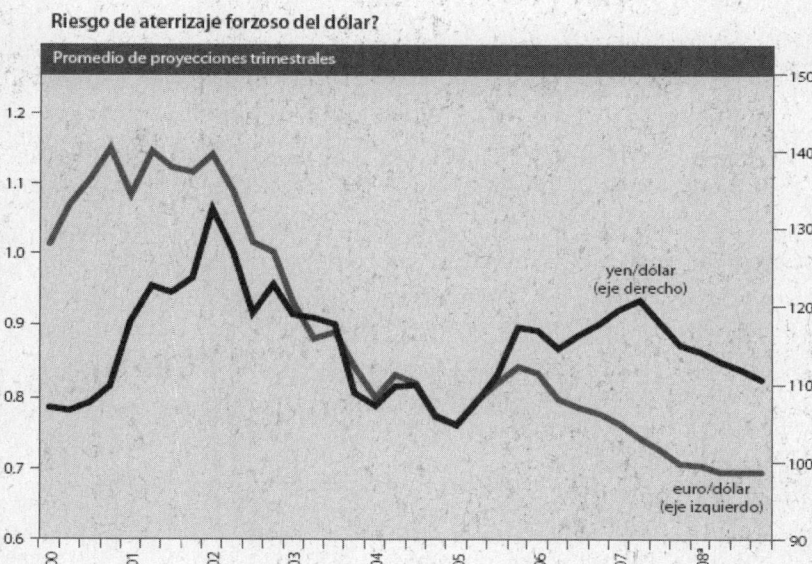

Las experiencias dolorosas de muchas naciones, negocios y familias con respecto a la fe ciega sobre la panacea del crédito han traído más dolor que beneficios a mediano y largo plazo, en especial cuando se ha hecho abuso o caído en la «adicción» al crédito, creyendo en la vía fácil de obtener los bienes.

El siguiente cuadro muestra el endeudamiento en El Salvador, lo cual viene a ser una muestra de lo que está pasando en muchas naciones.

CUADRO N° 1
BANCOS
PRÉSTAMOS OTORGADOS
AL 30 DE JUNIO DE 2005 - 2006
(SALDOS EN MILES DE DÓLARES)

CONCEPTOS	AGRICOLA 2005	AGRICOLA 2006	CUSCATLAN 2005	CUSCATLAN 2006	SALVADOREÑO 2005	SALVADOREÑO 2006	HIPOTECARIO 2005	HIPOTECARIO 2006	CITIBANK 2005	CITIBANK 2006	AMERICA CENTRAL 2005	AMERICA CENTRAL 2006	FIRST COMMERCIAL 2005	FIRST COMMERCIAL 2006
I. PRÉSTAMOS HASTA UN AÑO DE PLAZO	334.375	358.341	266.088	290.305	286.151	335.970	28.837	27.876	49.971	38.757	102.052	40.302	10.754	12.147
I.1 EMPRESAS PRIVADAS Y PARTICULARES	333.726	357.258	264.533	289.985	281.762	332.915	28.801	27.799	49.971	38.757	102.052		10.754	12.147
I.2 ENTIDADES DEL ESTADO	0	0	251	190	2.968	2.858	36	76	0	0	0	0	0	0
I.3 ENTIDADES BANCARIAS	649	1.082	1.303	130	1.420	197	0	0	0	0	0	0	0	0
I.4 OTROS	0	0	0	0	0	0	0	0	0	0	0	0	0	0
II. PRÉSTAMOS A MÁS DE UN AÑO DE PLAZO	1.482.978	1.750.564	1.218.841	1.374.577	832.427	973.984	114.662	133.882	2.170	1.175			48.250	57.755
II.1 EMPRESAS PRIVADAS Y PARTICULARES	1.482.978	1.750.564	1.156.143	1.302.099	824.184	957.207	106.167	125.825	2.170	1.175			48.250	57.755
II.2 ENTIDADES DEL ESTADO	0	0	47.925	59.574	5.420	4.789	8.496	8.057	0	0			0	0
II.3 ENTIDADES BANCARIAS	0	0	14.772	12.904	2.823	11.988	0	0	0	0			0	0
III. PRÉSTAMOS VENCIDOS	35.694	39.572	26.641	22.281	19.326	22.000	2.710	3.623	712	1.658			1.133	762
MENOS: IV. PROVISION POR INCOBRABILIDAD DE PRÉSTAMOS	47.607	53.803	38.451	25.623	23.019	26.156	2.828	2.267	769	1.288			4.034	2.693
TOTAL (I + II + III - IV)	1.805.440	2.094.675	1.473.119	1.661.541	1.114.884	1.305.798	143.381	163.113	52.084				56.102	67.971

CONCEPTOS	AMERICANO 2005	AMERICANO 2006	PROMERICA 2005	PROMERICA 2006	SCOTIABANK 2005	SCOTIABANK 2006	BANCO UNO 2005	BANCO UNO 2006	CITIBANK 2005	CITIBANK 2006	FOMENTO AGROPECUARIO 2005	FOMENTO AGROPECUARIO 2006
I. PRÉSTAMOS HASTA UN AÑO DE PLAZO	11.454	644	37.616	46.578	128.320	134.758	174.451	249.511	102.052	####	2.790	1.146
I.1 EMPRESAS PRIVADAS Y PARTICULARES	11.454	644	37.616	46.578	121.950	127.108	174.451	249.511	102.052	135.920	2.790	1.146
I.2 ENTIDADES DEL ESTADO	0	0	0	0	0	0	0	0	0	0	0	0

I.3 ENTIDADES BANCARIAS	0	0	0	0	0	0	0	0	0	0	0	0
I.4 OTROS	0	0	0	0	0	0	0	0	0	0	0	0
II. PRÉSTAMOS A MÁS DE UN AÑO DE PLAZO	30.191	11.028	89.563	105.331	968.042	1.040.960	18.935	11.498	157.195	####	1.807	2.951
II.1 EMPRESAS PRIVADAS Y PARTICULARES	30.191	11.028	89.563	105.331	952.780	1.022.531	18.935	11.498	157.195	187.532	1.807	2.951
II.2 ENTIDADES DEL ESTADO	0	0	0	0	0	4.652	0	0	0	0	0	0
II.3 ENTIDADES BANCARIAS	0	0	0	0	15.262	13.777	0	0	0	0	0	0
III. PRÉSTAMOS VENCIDOS	1.029	2.869	4.972	5.649	24.678	32.229	10.397	14.345	4.061	4.455	350	1.282
MENOS:												
IV. PROVISIÓN POR INCOBRABILIDAD DE PRÉSTAMOS	2.755	937	3.886	4.508	34.693	39.285	12.603	16.223	5.246	7.102	257	558
TOTAL (I + II + III - IV)	39.919	13.604	128.266	153.050	1.086.348	1.168.663	191.180	259.132	####	####	4.689	4.821

CONCEPTOS	PROCREDIT		TOTAL SISTEMA	
	2005	2006	2005	2006
I. PRÉSTAMOS HASTA UN AÑO DE PLAZO	12.078	14.712	1.444.935	1.646.665
I.1 EMPRESAS PRIVADAS Y PARTICULARES	12.078	14.712	1.431.937	1.634.480
I.2 ENTIDADES DEL ESTADO	0	0	3.256	3.125
I.3 ENTIDADES BANCARIAS	0	0	9.742	9.060
I.4 OTROS	0	0	0	0
II. PRÉSTAMOS A MÁS DE UN AÑO DE PLAZO	83.806	96.855	5.048.867	5.748.093
II.1 EMPRESAS PRIVADAS Y PARTICULARES	83.806	96.855	4.954.169	5.632.352
II.2 ENTIDADES DEL ESTADO	0	0	61.841	77.073
II.3 ENTIDADES BANCARIAS	0	0	32.857	38.668
III. PRÉSTAMOS VENCIDOS	1.371	1.490	133.073	152.216
MENOS:				
IV. PROVISIÓN POR INCOBRABILIDAD DE PRÉSTAMOS	3.094	4.177	179.241	184.620
TOTAL (I + II + III - IV)	94.161	108.880	6.447.635	7.362.354

Medidas a tomar para la reinversión de las ganancias y el ahorro

«Y junten toda la provisión de estos buenos años que vienen, y recojan el trigo bajo la mano de Faraón para mantenimiento de las ciudades; y guárdenlo. Y esté aquella provisión en depósito para el país, para los siete años de hambre que habrá en la tierra de Egipto; y el país no perecerá de hambre» (Génesis 41:35-36).

Para poder cumplir con la visión de la estabilidad financiera familiar es necesario el proceso sabio de la acumulación de recursos económicos en su etapa temprana y sistemática, y con tal fin es preciso dar los siguientes pasos estratégicos para «almacenar la mayor cantidad de trigo».

a) Privarse de lo suntuario o de las cosas vanas para no gastar más de lo que necesitamos.

«Hombre necesitado será el que ama el deleite, y el que ama el vino y los ungüentos no se enriquecerá» (Proverbios 21:17). Gastar más allá de lo que necesitamos representa uno de los mayores agujeros por donde se escapan los recursos económicos, condescendiendo a llevar un estilo de vida ficticio en esencia para buscar una mayor autoestima y la valorización del círculo de amistades, o sencillamente por deseos y caprichos propios. El dinero que se gasta de esta manera perfectamente puede ser ahorrado con miras a pagar las deudas en el menor tiempo posible, para así eliminarlas y comenzar un plan de ahorro. El proveer para las necesidades de la familia no es un gasto, sino una inversión que da fruto a corto, mediano y largo plazo, por tal motivo, no debemos caer en el otro extremo de acaparar los bienes y no soltarlos, pues hacer esto es sentenciar los recursos del presente al fracaso en un futuro no muy lejano. No confundamos la previsión con la avaricia. Según algunos reportes sobre los abusos a la hora de utilizar los créditos, en especial por medio de las tarjetas de crédito en los Estados Unidos, en el 2007 «hubo 1,5 millones de declaraciones de bancarrotas, de las cuales 100.000 fueron hechas por personas menores de veinticinco años carentes de recursos para pagar decenas de miles de dólares acumuladas en deudas de préstamos estudiantiles y tarjetas de créditos, según datos oficiales». «Porque el bebedor y el comilón empobrecerán, y el sueño hará vestir vestidos rotos» (Proverbios 23:21).

b) Pagar las deudas lo más pronto posible.

«Pagad a todos lo que debéis: al que tributo, tributo; al que impuestos, impuesto; al que respeto, respeto; al que honra, honra» (Romanos 13:7). Postergar el pago de las deudas significa alargar el tiempo de esclavitud financiera e incrementar los ingresos de los acreedores, atrayendo la desmotivación al no ver el fruto de su esfuerzo laboral y observar cómo se escapa la oportunidad de recapitalizarse por medio de sus propios ingresos. Debemos tomar algunas medidas de austeridad con el propósito de pagar las deudas como meta prioritaria de las ganancias o excedentes, para así evitar que ante la falta de pago como efecto de una recesión los acreedores puedan adueñarse de las garantías del crédito, trayendo más tristeza y frustración a la familia al verse desprotegida por la falta de una casa y otros bienes del patrimonio familiar, lo cual puede hacer retroceder a la clase media a la pobreza, y a los pobres a la miseria. ¿Qué pueden estar amenazando su casa y otras inversiones? La economía mundial se está viendo claramente debilitada por el endeudamiento familiar y nacional, pues existe una débil balanza de pagos. La opinión de muchos economistas sobre los déficit mundiales se enfoca en la expansión de la deuda, lo cual es uno de los riesgos principales que la economía mundial corre, siendo esto un claro ejemplo y una advertencia para que cada familia tome las medidas pertinentes pagando las deudas lo más pronto posible, en especial si tenemos en el horizonte una amenaza de recesión. Ya no podemos demorar más tiempo, es ahora o nunca. Para poder llevar a cabo este objetivo primario de cancelar las deudas, reinvertir las ganancias y ahorrar es necesario:

(1) Apartar un tiempo para orar y si fuera posible llevar a cabo un ayuno, pidiéndole gracia y sabiduría a Dios para poder comunicar con efectividad las medidas que se requieren tomar y que sean aceptadas por el núcleo familiar o la junta directiva.

(2) Concienciar a la familia o la junta directiva de la empresa para que tenga un conocimiento más claro de los posibles problemas que podamos enfrentar. Tomar las decisiones de modo unilateral podría aumentar las tensiones por la falta de conocimiento y objetividad, por lo cual no es recomendable hacerlo.

(3) Dar a conocer con claridad las deudas que se tienen, la falta de ingresos suficientes, los compromisos adquiridos y otras dificultades.

(4) Hablar de las promesas de Dios a sus hijos como fuente inagotable de seguridad y provisión, haciéndoles ver que estas batallas son necesarias para la purificación de los ídolos económicos que están entronizados en el corazón de muchas personas, desarrollando a la vez nuestra confianza en Dios como nuestro Buen Pastor para de este modo llegar a tener la misma seguridad del rey David cuando dijo: «Jehová es mi pastor, nada me faltará» (Salmo 23:1). Esto nos conducirá a un desarrollo de la economía espiritual de nuestra vida cristiana y a que al unísono podamos decir las mismas palabras del apóstol Pablo después de pasar por algunas crisis financieras en su vida: «Todo lo puedo en Cristo que me fortalece» (Filipenses 4:13).

(5) Compartir algunos testimonios de la provisión de Dios en el pasado y el presente para inspirar la fe de la familia o de aquellos que tienen poder de decisión al tener claras las evidencias de la fidelidad de Dios, de modo que podamos motivar a los demás a aceptar por fe y con el ánimo dispuesto las medidas que se comunicarán.

(6) Dar a conocer la importancia de ahorrar con el propósito de pagar las deudas lo más pronto posible, llevar a cabo una reinversión de las ganancias, y ahorrar con fines estratégicos para enfrentar la crisis económica que se vislumbra en el horizonte.

(7) Presentar después de una evaluación objetiva algunos gastos innecesarios que se están haciendo con el fin de eliminarlos o recortarlos según sea el caso, evitando de este modo las fugas innecesarias del capital.

(8) Desafiar y disminuir el estilo de vida en todo lo que es suntuario y no forma parte de las necesidades básicas, pensando que el ahorro debe ser por el esfuerzo de disminuir el gasto.

(9) Concienciar y detener toda inversión que no sea necesaria en este momento para evitar la fragmentación del capital y la liquidez del efectivo, con miras a tener la concentración económica necesaria para enfrentar los nuevos desafíos.

(10) Hacer ver la importancia de tomar medidas estratégicas con el propósito de proteger el núcleo familiar y laboral que Dios nos ha entregado, haciendo resaltar los buenos propósitos para la seguridad de una provisión constante y desafiando de inmediato a tomar una decisión de cooperación voluntaria, cerrando con broche de oro con una oración de consagración y compromiso hacia Dios, nuestra familia, la iglesia y la nación.

(11) Mantener una comunicación abierta y franca sobre las dificultades y los avances de cualquier proyecto que se esté realizando para que no se le dé lugar al temor o la alarma desmedida y se cree el pánico y la ansiedad, sino más bien se siga confiando en los planes de nuestro Dios, sirviéndole con todo nuestro corazón y extendiéndole la mano a nuestro prójimo.

Tenga cuidado de no caer en la tentación de considerar sus ganancias como extras y sentirse en la libertad de gastar de manera desmedida. Es más prudente mantenerse firme en el objetivo de *cancelar las deudas lo más pronto posible*, ya que las misma representan el talón de Aquiles cuando se unen a otros factores de riesgo tales como los cambios en las tasas de intereses, el alza del combustible, un problema de salud o la pérdida del trabajo, para mencionar algunos.

c) Ahorrar con el fin de cubrir las necesidades.

«Haga esto Faraón, y ponga gobernadores sobre el país, y *quinte la tierra* de Egipto en los siete años de la abundancia. Y junten toda la provisión de estos buenos años que vienen, y recojan el trigo bajo la mano de Faraón para mantenimiento de las ciudades; y guárdenlo» (Génesis 41:34-35).

La propuesta sabia de José a Faraón fue ahorrar un 20% de los ingresos de la producción nacional durante un período de siete años de abundancia. Lo que podemos aprender de esta revelación divina es que uno de los más grandes errores que puede cometer una nación o una familia es malgastar las ganancias en lugar de que sirvan para pagar las deudas o tener un capital de inversión y ahorro. Sabemos que cuando malgastamos lo que Dios nos ha dado con tanto amor y lo que hemos logrado con el esfuerzo de muchos, hacemos mal, pues es nuestra responsabilidad hacer un buen uso de los recursos excedentes o las utilidades en determinado período de trabajo productivo. Esto no significa que los mismos no puedan emplearse de forma ocasional y con mucha cautela para algunos gastos esporádicos que satisfagan algunos pequeños gustos, de manera que no caigamos en el extremo de la avaricia. La orientación del ahorro en la época de José estuvo bien definida para «mantenimiento de las ciudades», es decir, para que el plan de Dios no se viera estorbado y darle un marco de seguridad al pueblo, lo cual nos sirve de guía para definir el propósito de nuestro ahorro como el de cubrir las necesidades que puedan enfrentar la familia y el prójimo, permitir la continuidad del programa de Dios a través de la iglesia y disponer de un capital de reinversión. Todos sabemos que el plan de Dios es que estemos seguros y que seamos librados de las diferentes amenazas para preservarnos como hijos suyos. Esto nos debe servir de referencia para conducirnos hacia una disciplina de ahorro, para mantener una economía saludable como parte de nuestra responsabilidad delante de Dios. Una de las ventajas de no trabajar con un capital ajeno o con préstamos es que si por alguna razón se pierde la inversión de algunos ahorros, no se está perdiendo un capital ajeno y la garantía, y se evitará la persecución de los acreedores. El ahorro le permitirá hacer una reinversión de sus ganancias, lo cual le brindará un crecimiento lento pero seguro. El consejo de Dios es: «No te afanes por hacerte rico; sé prudente, y desiste» (Proverbios 23:4). La ansiedad de tener más bienes sin tener claros los propósitos correctos le conducirá a incursionar en estrategias equivocadas para obtener tal fin, y una de ellas es el préstamo, es decir, trabajar con dinero ajeno y no con sus propios recursos, los cuales mediante un ahorro estratégico podrían capitalizarse para luego emprender las inversiones necesarias o disponer de una provisión preventiva para enfrentar sucesos no esperados y cubrir siempre las necesidades de la familia y el trabajo. El dinero rápido a través del préstamo no es la mejor salida, sino el dinero lento a través del ahorro.

¿Cree que es posible ahorrar el 20% de sus ingresos mensualmente haciendo los ajustes necesarios? Si su respuesta es sí, ¿qué espera? Hoy es el día para comenzar.

En este gráfico se puede ver que en el año 2007 se muestra un mayor nivel de endeudamiento que en el año 2006 en El Salvador.

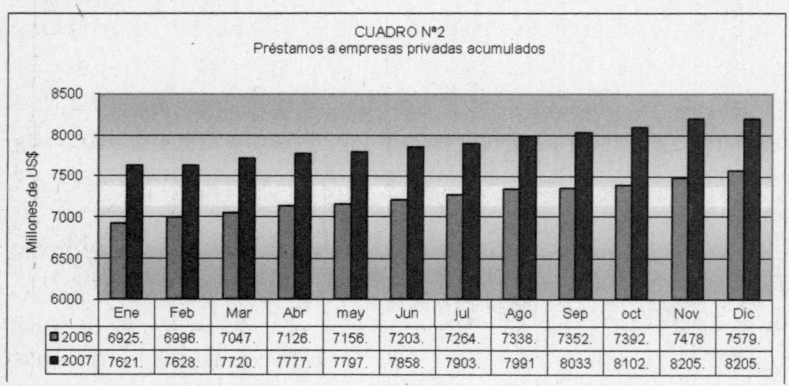

d) Ser diligente en el trabajo.

«El que labra su tierra se saciará de pan; mas el que sigue a los vagabundos es falto de entendimiento ... La mano de los diligentes señoreará; más la negligencia será tributaria» (Proverbios 12:11,24).

Uno de los factores que no permite el progreso de las familias y las naciones es la pereza, el vivir con la ley del mínimo esfuerzo. La falta de visión produce una parálisis mental y emocional, la cual, a pesar de tener necesidades, le induce a un conformismo que le hace vivir fuera de la voluntad de Dios; y ya que la negligencia es pecado y este nos separa del Señor, tiene que ser tratado como una ofensa a Dios y no como «una falta de carácter y oportunidades». ¿Considera que Dios le bendecirá si está viviendo en el pecado de la negligencia, con el cual ha afectado a su propia familia privándole de muchas oportunidades? Decida romper con el patrón o modelo de vida de los vagabundos. En muchos casos, la diferencia entre el que tiene algunos recursos económicos y el que no los tiene es su empeño de corazón en el trabajo o la falta de este; en otras palabras, la actitud diligente a la hora de «labrar su tierra» le predestinará a tener lo necesario para vivir, sin importando el tamaño del «terreno» o sus talentos, conocimientos, habilidades, propiedades, oportunidades y dinero. Lo que usted posee es suficiente, lo que necesita es hacerlo producir con el mejor de los esfuerzos, y para esto tiene que renunciar a las amistades que solo desean vivir para los placeres vanos, pues son «faltos de entendimiento». El buen trabajador y productor tendrá una promoción automática en su trabajo, negocio o empresa, porque la calidad se convertirá en cantidad, no solo en materia de recursos financieros, sino en cuanto a posición de autoridad, pues «la mano de los diligentes señoreará». ¿Cuál es la actitud que demuestra al desempeñarse en su trabajo, la negligencia o diligencia? Usted es el que determina su destino laboral.

La Palabra de Dios nos exhorta a ser responsables y diligentes en nuestra labor con el propósito de darles un buen testimonio como trabajadores honestos y esforzados a aquellos que no tienen a Jesucristo en su corazón, ya que de modo indirecto nos estamos convirtiendo en un modelo económico a pequeña escala para ellos. Otro objetivo para esto es que tengamos lo suficiente en casa, pues el no hacerlo traerá consecuencias de escasez para la familia. «Ocuparos en vuestros negocios, y trabajar con vuestras manos de la manera que os hemos mandado, a fin de que os conduzcáis honradamente para con los de afuera, *y no tengáis necesidad de nada*» (1 Tesalonicenses 4:11-12).

(1) Ser diligente requiere de esfuerzo. «No ames el sueño, para que no te empobrezcas; abre tus ojos, y te saciarás de pan» (Proverbios 20:13). Cuando Dios creó al mundo y lo que hay en él durante seis días, hubo un esfuerzo para poder llevar a cabo todo el diseño que había en su mente, ya que sin este su poder no hubiera podido actuar para traer a la existencia todo lo creado, descansando después. Dios es nuestro modelo, al cual tenemos que emular, y en este caso específico podemos aprender que si no hay esfuerzo, no podremos materializar los deseos aunque estos sean los correctos, pues el esfuerzo es el paso de la fe, y «sin fe, es imposible agradar a Dios». Por eso cualquier otro método para obtener nuestros bienes está descartado. Pablo, exhortando a los efesios, les dice: «El que hurtaba, no hurte más, sino trabaje, haciendo con sus manos lo que es bueno, para que tenga que compartir con el que padece necesidad» (Efesios 4:28). Además, toda persona que abandona el esfuerzo o trabajo para obtener los bienes que necesita está condenada a no comer: «Si alguno no quiere trabajar, tampoco coma» (2 Tesalonicenses 3:10). La siembra y la cosecha del trigo en el tiempo de José, así como el almacenamiento, no fueron realizados por Dios, más bien fueron llevados a cabo por hombres trabajadores que supieron aprovechar el milagro de Dios de la cosecha abundante, y cuando Dios conoce de antemano nuestra disposición a aprovechar la oportunidad, proveerá los tiempos de abundancia para que cumplan el propósito divino.

(2) Ser diligente requiere de responsabilidad. Dios conocía el nivel adecuado de responsabilidad que existía en José para poderle delegar esta misión descomunal, de la cual dependía la vida o la muerte de una nación, y esta es una de las razones que favorecen a una persona para que sea confiable; no tener este ingrediente vital la descalifica en su vida cristiana y es una causa para que Dios no la bendiga financieramente. La Biblia dice: «Porque si alguno no provee para los suyos, y mayormente para los de su casa, ha negado la fe, y es peor que un incrédulo» (1 Timoteo 5:8). El milagro de la provisión no es para fomentar la irresponsabilidad familiar, laboral y eclesiástica, sino más bien para ser un canal de bendición hacia los demás por medio de la responsabilidad.

(3) Ser diligente requiere de bondad. El trabajo carece de propósito cuando no se lleva a cabo con el objetivo de proveer lo necesario para la familia, el prójimo y la obra de Dios a través de la iglesia. Uno de los puntos donde muchos han echado a perder la provisión de Dios es cuando llega el momento de repartirla según sea la necesidad, pues intentan acapararla con designios opuestos al propósito original. La bondad de José hizo que los graneros se abrieran de forma prudente para ayudar a los necesitados. La Biblia señala: «Hay quienes reparten, y les es añadido más; y hay quienes retienen más de lo que es justo, pero vienen a pobreza» (Proverbios 11:24). Cuando la diligencia ha cumplido su cometido por medio de la bondad, debe darse por satisfecha.

e) Tener dominio propio.

«Y esté aquella provisión en depósito para el país, para los siete años de hambre que habrá en la tierra de Egipto; y el país no perecerá de hambre» (Génesis 41:36).

La estrategia de la mercadotecnia es encontrar o crear un lado flaco en las personas para acabar con el dominio propio y que lleguen a ser víctimas de la tentación de adquirir lo que no se precisa y alterar el tiempo de adquisición de lo necesario, lo cual ha hecho que muchas personas sean deudoras o gasten sus ingresos sin reflexión. La Biblia dice: «Hombre necesitado será el que ama el deleite, y el que ama el vino y los ungüentos no se enriquecerá» (Proverbios 21:17). Para mantener un ahorro estable y creciente usted debe tomar la decisión de no ser víctima de la tentación al adquirir lo que no necesita, considerando a través de la lupa de la sabiduría la importancia de los artículos de primera necesidad por encima de lo suntuoso debido a la crisis financiera, y valorizando el ahorro con el fin estratégico de no «perecer de hambre». Es saludable para este fin reunir a la familia, los empleados, los colaboradores y los socios para crearles la conciencia de no tocar antes de tiempo lo que con tanto esfuerzo se ha podido guardar con fines estratégicos para un momento de mayor necesidad. La exhortación bíblica está siempre presente: «El bebedor y el comilón empobrecerán» (Proverbios 23:21).

f) No salir por fiador.

«Con ansiedad será afligido el que sale por fiador de un extraño; mas el que aborreciera las fianzas vivirá seguro» (Proverbios 11:15).

«No seas de aquellos que se comprometen, ni de los que salen por fiadores de deudas. Si no tuvieses para pagar, ¿por qué han de quitar tu cama de debajo de ti?» (Proverbios 22:26-27).

Muchas personas hoy en día se están lamentando por haber salido de fiadoras de alguien que, aprovechándose de la buena fe o por circunstancias imprevistas, *transfirieron* la deuda a la persona que le sirvió de fiador, perdiendo esta su dinero, su amistad y su familiaridad. Salir por fiador significa poner en alto riesgo lo que Dios me ha permitido invertir y ahorrar al hacerme cargo de una deuda que no es mía, pues en el caso de que la persona que hizo el préstamo no pueda pagarlo o utilice la malicia como una estrategia para endosarle la deuda al fiador, se drenarán los ahorros e inversiones que con fines estratégicos se guardaron, y cuado haya que enfrentar la crisis económica, no se tendrán los recursos necesarios para mantener a la familia y el trabajo. Entonces, ¿qué debo hacer con aquellas personas que me piden ayuda para que les sirva como fiador en una deuda? Lo mejor es darle alguna ofrenda o decirle sencillamente que no puede salir por fiador, porque tal mecanismo está vedado por la Palabra de Dios. Este es otro de los malos pasos que pueden llevar a drenar la bendición de Dios en el área financiera para la reinversión del capital y el ahorro destinados a los días difíciles que enfrentaremos, poniéndose de esta manera en riesgo a la familia, que es dueña de lo que se ha acumulado, y lo cual a su vez puede servir de ayuda a los necesitados en un momento de emergencia.

g) Ayudar en la extensión del reino de Dios y a los necesitados.

«Para mantenimiento de las ciudades...» (Génesis 41:35).

La Biblia dice: «Es mejor dar que recibir», una ley divina poco comprendida y creída, ya que se analiza a través de la lógica humanista que nos indica: «Si doy me quedo con menos». Sin embargo, según las leyes bíblicas, se trata de una inversión, pues Proverbios 19:17 nos señala: «A Jehová presta el que da al pobre, y el bien que ha hecho, se lo volverá a pagar». Ante la amenaza de una bancarrota financiera internacional, las medidas de algunas personas son acaparar bienes y ahorrar con un propósito egoísta, sin la mínima intención de dar para el reino de Dios y las necesidades que pueda tener nuestro prójimo. Esta forma de actuar privará al avaro de la bendición de Dios y sus sueños no serán cumplidos, pues compartir el excedente es la inversión estratégica por excelencia, la cual hace que Dios provea de los graneros celestiales para mis necesidades en el momento oportuno, asegurando así mi estabilidad económica en el futuro. Este fue el caso de la viuda de Sarepta de Sidón en 1 Reyes 17:8-24, la cual estando en la bancarrota total experimentó un milagro económico por haber creído e invertido en el reino de Dios. La iglesia de Filipos aprendió a caminar en este principio de inversión estratégica al respaldar el ministerio de predicación del evangelio del apóstol Pablo, por lo que él mismo alaba a la iglesia debido a este acto de fe que se convierte en una inversión con resultados positivos para ellos: «No es que busque dádivas, sino que busco fruto que abunde en vuestra cuenta. Pero todo lo he recibido, y tengo abundancia; estoy lleno, habiendo recibido de Epafrodito lo que enviasteis; olor fragante, sacrificio acepto, agradable a Dios. *Mi Dios, pues, suplirá todo lo que os falta conforme a sus riquezas en gloria en Cristo Jesús.* Al Dios y Padre nuestro sea gloria por los siglos de los siglos. Amén» (Filipenses 4:17-20).

El excedente no era para acaparar el trigo exclusivamente para Faraón y su familia, sino para compartir con las personas que vivían en las ciudades, lo cual es uno de los principios más importantes dentro de la economía de Dios y debe ser aceptado para que el Señor pueda intervenir de forma milagrosa en nuestra provisión con el propósito de que seamos de bendición a muchas personas. La idea del sistema en el cual nosotros vivimos es acumular riquezas para uno mismo durante los siete años de «las vacas gordas», pero el plan de Dios es que estos excedentes sirvan para aliviar también las necesidades de otras personas, y una de las más importantes es la predicación del evangelio para la salvación de sus almas. Es muy importante que nosotros abramos nuestro pensamiento económico al pensamiento de Dios, ya que cuando Dios bendice a sus hijos y a la iglesia es para beneficio de todos. La Biblia afirma: «El que siembra escasamente, también segará escasamente; y el que siembra generosamente, generosamente también segará. Cada uno dé como propuso en su corazón: no con tristeza, ni por necesidad, porque Dios ama al dador alegre. Y poderoso es Dios para hacer que abunde en vosotros toda gracia, *a fin de que, teniendo siempre en todas las cosas todo lo suficiente, abundéis para toda buena obra*; como está escrito: Repartió, dio a los pobres; su justicia permanece para siempre. Y el que da semilla al que siembra, y pan al que come, *proveerá y multiplicará vuestra sementera*, y aumentará los frutos de vuestra justicia, *para que estéis enriquecidos en todo para toda liberalidad*, la cual produce por medio de nosotros acción de gracias a Dios» (2 Corintios 9:6-11).

El pensamiento económico secular es que si yo tengo lo suficiente desde el punto de vista financiero, es para mí o mi familia; sin embargo, en el pasaje anterior la abundancia tenía un propósito muy claro para el «mantenimiento de las ciudades», o sea, que las ganancias no solo son para nosotros, sino para el desarrollo del reino de Dios y el plan de redención en la tierra, así como para ayudar a los demás, y que «esté aquella provisión en depósito para el país». Es vital que sincronicemos nuestro pensamiento con el deseo de Dios en cuanto a las riquezas que él ponga bajo nuestra administración, porque la economía de Dios no es egoísta y debemos tratar con nuestro modo de operar, ya que normalmente la educación o la formación profesional tiene bases egoístas. Renovemos nuestro pensamiento, porque el egoísmo es uno de los parásitos que mina la economía de la familia; por lo tanto, debemos hacer a un lado el amor al dinero o la avaricia para no transitar por la vía o utilizar una estrategia que conduzca al fracaso. Como dijera el economista Roberto Montoya: «¿Qué le pasaría a un león en la selva si este tiene hambre y se come a la gacela aunque sea la última del planeta? En la economía se aplica a menudo que el más fuerte también devora al más débil, aunque con este acto egoísta afecte todo un sistema económico y por consiguiente se aumente el número de familias en desgracia o empobrecidas por la voracidad de los más grandes».

Podemos concluir este capítulo mencionando que el endeudamiento de los países no los ha logrado sacar adelante en su economía, sino que por el contrario, se observa que en los países con mayor deuda externa existen mayores niveles de pobreza, conduciéndolos en algunos casos incluso hasta la miseria extrema.

¿Por qué algunas personas llegan a la bancarrota financiera? ¿Qué es lo que está sucediendo? Analicemos en el siguiente capítulo algunas causas o parásitos que conducen al fracaso financiero por no estar alineados con el propósito divino en cuanto a los excedentes y el ahorro.

CAPÍTULO CINCO

DESTRUIR LOS MALOS SISTEMAS DE VALORES O «GRANEROS» PARA EVITAR LA FUGA FINANCIERA

Génesis 41:34-36

Haga esto Faraón, y ponga gobernadores sobre el país, y quinte la tierra de Egipto en los siete años de la abundancia. Y junten toda la provisión de estos buenos años que vienen, y recojan el trigo bajo la mano de Faraón para mantenimiento de las ciudades; y guárdenlo. Y esté aquella provisión en *depósito* para el país, para los siete años de hambre que habrá en la tierra de Egipto; y el país no perecerá de hambre.

La esperanza que Dios creó en el corazón de toda la nación por la anticipación de los siete años de abundancia que llegarían para producir un superávit, el cual debería de ser guardado con el propósito de salvar a la nación de la muerte, produjo altos niveles de motivación para organizarse y construir los depósitos o graneros donde el trigo tendría que ser almacenado. Este fue un paso de fe, ya que se anticiparon con los depósitos antes de tener la cosecha en sus manos, los cuales en su momento fueron llenados con el excedente anual del trigo producido durante siete años. La Palabra de Dios nos provee de conocimientos y estrategias que nos aseguran una vida de abundancia, pero debemos respetar los lineamientos que se dan en la Sagradas Escrituras: «Recojan el trigo bajo la mano de Faraón para mantenimiento de las ciudades; y guárdenlo. Y esté aquella provisión en depósito para el país, para los siete años de hambre que habrá en la tierra de Egipto; y el país no perecerá de hambre».

La importancia que estos graneros tenían era muy valiosa porque sin ellos se podrían perder los excedentes de las cosechas sobreabundantes, ya que para cumplir con la visión de preservación no sería posible utilizar los graneros viejos, con problemas estructurales y averiados, los cuales no podrían soportar el peso de la calidad y la cantidad del trigo nuevo. Jesús dijo: «El vino nuevo en odres nuevos se ha de echar» (Lucas 5:38), un principio divino que sigue vigente hasta hoy en día y que Dios no cambiará, ya que somos nosotros los que tenemos que acomodarnos a los principios eternos para ser beneficiarios de toda bendición que Dios quiera derramar sobre nuestra vida y poner bajo nuestra responsabilidad. Uno de los grandes problemas que muchos cristianos no han comprendido aún es que Dios no proveerá de recursos económicos a aquellas personas que tienen «graneros de valores corruptos o pecaminosos».

Para almacenar la cosecha o la bendición de Dios se requiere de graneros en perfecto estado; la falta de «depósitos o valores adecuados» puede detener la bendición, no porque Dios quiera retenerla, sino porque nosotros no estamos espiritualmente maduros o preparados, sino en cambio nos mantenemos coqueteando con el sistema de valores contaminados por la avaricia y el egoísmo de la mayoría de los miembros de la sociedad moderna, por medio del cual se adoptan los conceptos equivocados debido a que es permeable a las presiones de los valores corruptos. A pesar de tener el conocimiento de que estos se han desviado de la Palabra de Dios, no se debe confundir el hecho de vivir en una sociedad democrática con aceptar el pensamiento de la mayoría de una manera irreflexiva, ya que es necesario recordar que no siempre la generalidad tiene la razón. En la época del diluvio la mayoría murió y la minoría, es decir, ocho personas, fueron salvos porque estaban en la verdad. Hay un dicho popular que dice: «La voz del pueblo es la voz de Dios», sin embargo, el mismo es falso, e incluirlo como un principio de nuestra vida puede ocasionar daños de incalculable cuantía; por tal razón, tenemos que volver a los principios bíblicos, porque el único que tiene la razón absoluta es Dios, y partiendo de esta verdad podremos construir un nuevo «sistema de valores o graneros duraderos» para preservar la bendición económica que Dios nos da y poder prevenir así una fuga de capital a través de los agujeros que tienen los graneros en mal estado, que son los sistemas de valores o principios pecaminosos que echan a perder las grandes oportunidades de mantener nuestras ganancias dentro del marco de una economía sostenida.

Analicemos algunos de estos agentes desestabilizadores o parásitos, los cuales no permitirán construir los depósitos o valores adecuados e impedirán captar las bendiciones económicas que Dios desea darnos, frustrando el sueño de tener una capacidad financiera para enfrentar las crisis venideras.

a) La idolatría al dinero.

Es determinante comprender el significado y las consecuencias del pecado de la idolatría, que no es otra cosa que colocar a una persona o cosa en el primer lugar de nuestro corazón. El apóstol Pablo, escribiéndole a la iglesia de los corintios, les dice al respecto: «Mirad a Israel según la carne; los que comen de los sacrificios, ¿no son partícipes del altar? ¿Qué digo, pues? ¿Que el ídolo es algo, o que sea algo lo que se sacrifica a los ídolos? Antes digo que lo que los gentiles sacrifican, a los demonios lo sacrifican, y no a Dios; y no quiero que vosotros os hagáis partícipes con los demonios.

No podéis beber la copa del Señor, y la copa de los demonios; no podéis participar de la mesa del Señor, y de la mesa de los demonios» (1 Corintios 10:18-21).

Es evidente que todos los sacrificios que se llevaron a cabo no fueron dedicados estrictamente a una imagen de hierro, madera o piedra, sino a los demonios a los que estos ídolos representaban, sirviendo de pantalla o anzuelo para que se realizara indirectamente una dedicación o transacción de la vida del idólatra, un cambio de administración de su ser y de lo que poseía, para que así estuviera en manos de los demonios. Y para que las personas no se den cuenta de estos propósitos malévolos de la idolatría, Satanás la ha disfrazado de inocencia, ignorancia, cultura y religiosidad, para de este modo no ser detectado y que el incauto muerda el anzuelo. Esto significa que detrás de cada ídolo existe una entidad demoníaca, y cuando la persona cae en este pecado, de modo automático es controlada o gobernada, juntamente con todo lo que posee, por una entidad diabólica. ¿Cree que es inteligente rechazar la administración sabia de Dios en nuestra economía y aceptar la de los demonios al pecar de idólatras?

A través de toda la Biblia encontramos que el pecado de la idolatría es fuertemente aborrecido por Dios, ya que este pecado es el más cruel y el que despliega los mayores niveles de sufrimiento sobre la raza humana. Recordemos algunos casos de idolatría en el Antiguo Testamento, donde algunos padres del pueblo de Israel sacrificaban a sus hijos al dios Baal, lanzándolos vivos al fuego que se encontraba dentro del vientre de este ídolo sin importarles el dolor y llanto que experimentaba el hijo al ser consumido por las llamas. Surge entonces una pregunta: ¿Cómo es posible que los padres idólatras hubiesen perdido tanto la sensibilidad? La razón es que, al caer en este pecado, los demonios llegan a controlar el alma, es decir, la mente, las emociones y la voluntad, afectando la razón, los afectos y el carácter, y produciendo insensibilidad y crueldad al anestesiar la conciencia. El pecado de la idolatría hace perder toda la sensibilidad del hombre hacia Dios y los otros seres humanos, deshumanizándole al punto de que no le importan los vínculos que pueda haber entre ellos y convirtiéndole en una persona sumamente cruel y despiadada, al grado de aceptar que el fin justifica los medios y ocasionarle un dolor inmenso a la raza humana, por lo cual Dios aborrece enormemente la idolatría. Al ver este fenómeno de la idolatría al dinero, Francisco de Sales señaló: «La avaricia es una fiebre rara, tanto más insensible cuando es más violenta y ardiente». La pregunta que tengo para usted ante una situación como esta es la siguiente: ¿Ha caído en el pecado de la idolatría, colocando el dinero en primer lugar en su vida y desplazando a Dios? Si esto es así, su vida y su economía están sentenciadas por usted mismo a la destrucción, ya que le ha dado lugar a los demonios en su propio ser y desplazado a Dios a causa de una transacción indirecta que hizo al caer en este pecado. Dios dijo: «No tendrás dioses ajenos delante de mí» (Éxodo 20:3), y este primer mandamiento tiene una razón eminentemente de protección para nuestra vida. Dios es completo en sí mismo y no necesita que nosotros le adoremos o lo pongamos en el primer lugar de nuestra vida, él nos pide esto para protegernos e impedir que Satanás llegue a gobernar y destruir nuestra vida y los bienes que él nos ha entregado.

La avaricia o el amor al dinero nos pueden llevar a tener experiencias dolorosas que contradicen la visión divina de ser personas felices y exitosas cuando creemos en la falsa seguridad que el dinero ofrece, pues tal cosa es la raíz o plataforma del fracaso en diversas áreas de la vida y nos conduce a desvalorizar a Dios, la familia, los compañeros, nuestros trabajadores, hermanos en Cristo y al prójimo, haciéndonos olvidar el invertir en el reino de Dios al paralizar la sensibilidad afectiva y espiritual. Jesús dijo: «Ningún siervo puede servir a dos señores; porque o aborrecerá al uno y amará al otro, o estimará al uno y menospreciará al otro. No podéis servir a Dios y a las riquezas» (Lucas 16:13). ¿Por qué piensa que Dios le bendecirá económicamente habiendo desechado al Señor Jesús por el dios del dinero? ¿Se ha percatado de que todo pecado nos separa de Dios al excluirlo del centro de nuestra vida? La iglesia de Laodicea cayó en la trampa del amor al dinero al no comprender el propósito de la prosperidad económica, lo cual la llevó a una distorsión de su identidad, a la autosuficiencia, y al desprecio y la ingratitud al Señor Jesús cuando dijo: «Me he enriquecido, y de ninguna cosa tengo necesidad» (Apocalipsis 3:17). Sin embargo, el diagnóstico y la advertencia del Señor fueron muy claros: «No sabes que tú eres un desventurado, miserable, pobre, ciego y desnudo. Por tanto, yo te aconsejo que de mí compres oro refinado en fuego, para que seas rico, y vestiduras blancas para vestirte, y que no se descubra la vergüenza de tu desnudez; y unge tus ojos con colirio, para que veas» (Apocalipsis 3:17-18). El pecado de la idolatría al dinero desplazó al Señor Jesús hacia afuera de la iglesia, por lo que lo vemos «tocando a la puerta». ¿No será que usted ha echado a Jesús fuera de la administración de su vida y sus negocios a causa de la idolatría al dinero y él está afuera tocando la puerta? Si desea tener el gobierno de Dios en todas las áreas de su vida, tiene que arrepentirse por la ingratitud y el desprecio demostrados al haber escogido a «Barrabás» y desechado a Jesús, y él en su misericordia le restaurará. Recuerde que «la paga del pecado es muerte» (Romanos 6:23), aun en el área financiera, y el pecado de la idolatría al dinero no le permitirá construir sus graneros, por lo tanto, no habrá cosecha abundante.

Existe una gran diferencia entre ahorrar con propósitos estratégicos motivados por el amor a Dios, la familia, el prójimo y la iglesia y hacerlo con propósitos egoístas y mezquinos, aunque tal cosa parezca superficialmente como un acto de sabiduría, pues su propósito intrínseco denota un mal fundamento que le descalifica para que la bendición de Dios venga sobre su vida, debido a que él conoce los más íntimos pensamientos e intenciones del corazón (véase Salmo 94:11).

El significado de la naturaleza del pecado de la avaricia es «un deseo de tener más» (y su implicación está en un mal sentido), el cual es fomentado por la inconformidad sin importar la cantidad de dinero que posea, atrayendo luego a la hermana inseparable de este pecado, «la envidia», la que le produce un malestar al ver que otros están progresando económicamente, por lo que planificará cómo privarles de la fuente de abastecimiento de su prosperidad para que no exista ningún competidor, pero sin saber que esto es una amenaza para su propio desarrollo económico. Este pecado es el que ha llevado a muchos incautos a la prisión por cometer delitos contra la integridad de otras personas, transformándose en un bumerán que frustró sus mejores propósitos y arrastrando a su propia familia a la vergüenza y el desamparo.

La avaricia produce un sistema de autodefensa que solo le permite creer que su persona vale por lo que tiene, y cuando hay pérdidas, su estima fluctúa al ritmo del balance financiero, contraviniendo la advertencia y la valoración del Señor Jesús: «Mirad, y guardaos de toda avaricia; porque la vida del hombre no consiste en la abundancia de los bienes que posee» (Lucas 12:15).

El estado de coma espiritual en que se encuentra ya no le redarguye y se enfoca en su único interés, el dinero, no importándole cómo lo obtendrá y siendo capaz de comercializar el evangelio con la «promoción» de una herejía como la doctrina de la prosperidad, entre otras, vendiendo «indulgencias» y negando la doctrina de la gracia que se basa en el sacrificio de Cristo para recibir el favor de Dios por medio de la fe, todo esto por el amor al materialismo, colocando así a los que creen estas desviaciones al borde de la apostasía. «Pero hubo también falsos profetas entre el pueblo, como habrá entre vosotros falsos maestros, que introducirán encubiertamente herejías destructoras, y aun negarán al Señor que los rescató, atrayendo sobre sí mismos destrucción repentina. Y muchos seguirán sus disoluciones, por causa de los cuales el camino de la verdad será blasfemado, *y por avaricia harán mercadería de vosotros* con palabras fingidas. Sobre los tales ya de largo tiempo la condenación no se tarda, y su perdición no se duerme» (2 Pedro 2:1-3).

Una de las maneras en que se manifiesta la avaricia es a través de la mezquindad y el consumismo, polos opuestos por completo al propósito de Dios para poderle bendecir económicamente, deteniéndose de este modo el «trigo» o la herencia que Dios desea darle: «Porque sabéis esto, que ningún fornicario, o inmundo, o avaro, que es idólatra, tiene herencia en el reino de Cristo y de Dios» (Efesios 5:5). Por tal motivo, no debe hacerse la pregunta: ¿Por qué Dios no me bendice? La respuesta es evidente: por la avaricia o la idolatría al dinero. Recuerde que todo ídolo está condenado a ser destruido, y ante una inminente crisis financiera a nivel internacional sin precedente en los últimos años, el ahorro motivado por la avaricia no le servirá de nada, porque lo guardado muy pronto se perderá; pero para el que ahorra bajo la bendición de Dios, el aceite de la tinaja siempre fluirá.

La Biblia indica: «Se apresura a ser rico el avaro, y no sabe que le ha de venir pobreza» (Proverbios 28:22). Este es otro de los grandes engaños que quiere competir con la provisión de Dios, pues la persona avara espera tener una provisión abundante para el futuro, mas no sabe que sufrirá una total decepción. Alguien dijo: «El avaro es un hombre que se empeña en vivir pobre para morir rico». Este pecado es muy grave, y aunque algunos al compararlo con el homicidio, el robo y otras faltas lo ven insignificante por completo, las consecuencias del mismo son totalmente fatales como las de cualquiera de los otros pecados, los cuales le impedirán entrar en el reino de Dios.

Ante la aparición de este pecado, la recomendación bíblica es hacerlo morir a través del arrepentimiento y la fe en la sangre de Cristo, y como siguiente paso, tomar la decisión de dejar de creer en esta mentira para no reincidir en la misma trampa y darle espacio a la misericordia y la generosidad. El apóstol Pablo, conociendo que en la iglesia de Colosas se estaba entretejiendo este mal, les señaló: «Haced morir, pues, lo terrenal en vosotros: fornicación, impureza, pasiones desordenadas, malos deseos y avaricia, que es idolatría» (Colosenses 3:5), para que no se manipulara el centro de control de mando del alma y no entraran en un espiral de pecados a los cuales antes no estaban habituados. «Porque raíz de todos los males es el amor al dinero, el cual codiciando algunos, se extraviaron de la fe, y fueron traspasados de muchos dolores» (1 Timoteo 6:10).

b) El haber hecho el capital a través de obras fraudulentas.

Muchas personas han hecho su capital por medios ilícitos, como la extorsión, el lavado de dinero, la venta de droga, la explotación sexual, la estafa, el robo, el no pagar los salarios justos, etc. Estas son formas fraudulentas de obtener dinero que se convierte en la manzana podrida (no importando la cantidad) que contamina todos los fondos y bienes que se han adquirido con el sudor de la frente, aun los bienes que usted haya heredado del esfuerzo de sus padres, lo cual traerá como efecto una quiebra económica. Abelardo López de Ayala, observando estas malas prácticas, dijo: «Cuando la estafa es enorme ya toma un nombre decente: se le llama buen negocio», así que no trate de justificar este pecado por la cantidad de ganancias obtenida, Dios no puede ser engañado. La Biblia dice en Proverbios 21:6: «Amontonar tesoros con lengua mentirosa es aliento fugaz de aquellos que buscan la muerte». Un ejemplo claro de adquirir dinero por medios pecaminosos o fraudulentos lo constituye la explotación sexual en la mayoría de las naciones. Según algunos estudios realizados sobre este tema, Notimex, en el mes de enero del 2008, dio a conocer la triste realidad de este flagelo: «México, D. F. Cada año 16 mil menores son sujetos a la explotación sexual y 85 mil son usados en actos de pornografía, mientras que en 21 de las 32 entidades del país existe el turismo sexual, por lo que urge diseñar políticas públicas eficaces para frenar y acabar con este flagelo. La trata de personas es un flagelo de impacto mundial y representa uno de los negocios más rentables después del tráfico de armas y el narcotráfico, ya que genera 32 mil millones de dólares al año».

Se resaltó que en los últimos tres años han sido reclutadas 2 millones 450 mil personas con fines de explotación laboral o económica, de las cuales 56% son mujeres y niñas, y 44% hombres y niños.

El Fondo de las Naciones Unidas para la Infancia (UNICEF) estimó que entre 16 mil y 20 mil niños mexicanos y centroamericanos son sujetos al abuso sexual, principalmente en la franja fronteriza y los destinos turísticos, mientras que «la trata de personas se vincula con el crimen organizado y las ganancias que deja contribuyen a incentivar otras actividades ilegales». Todo tesoro obtenido de manera fraudulenta está condenado por Dios a que no sea de beneficio; aunque en el momento parezca que ese dinero le va a dar seguridad u otras ganancias, está sentenciado a «no ser de provecho». En Proverbios 13:11 dice: «Las riquezas de vanidad disminuirán; pero el que recoge con mano laboriosa las aumenta». La procedencia de los fondos de actividades pecaminosas o ilusorias va a disminuir por diferentes circunstancias imprevistas y sorpresivas, las cuales le harán decaer de forma drástica en la parte económica y anímica, hasta llegar a un estado posiblemente depresivo. Si usted está obteniendo dinero de una manera que no es justa, cobrándole a alguien más de lo acordado, le está robando sin mano armada. Algunas personas se aprovechan de la condición socioeconómica para cobrar excesivamente sus servicios, o hacen uso de la piratería y la alteración de la calidad de los productos para obtener más «ganancias» (más bien diría maldiciones). Otros defraudan al no trabajar las horas laborales acordadas, lo cual es otra manera de robar. Estos vicios llenos de injusticia se dan en todos los niveles sociales, tanto en aquellas personas que tienen mucho capital como en las que no lo tienen, defraudando a los mismos pobres, lo cual llega a ser una de las causas de la falta de prosperidad financiera: «No robes al pobre, porque es pobre, ni quebrantes en la puerta al afligido; porque Jehová juzgará la causa de ellos, y despojará el alma de aquellos que los despojaren» (Proverbios 22:22-23). Es lamentable que incluso cristianos están cometiendo estos pecados, que son muy comunes dentro del medio empresarial, y si usted imita estos patrones, jamás va a tener una estabilidad económica a mediano y largo plazo, pues experimentará una disminución sustancial y progresiva de sus finanzas aunque clame a Dios por su bendición, a no ser que decida restituir a los agraviados lo que les pertenece como lo hizo Zaqueo (véase Lucas 19:1-10). En Proverbios 22:16 dice: «El que oprime al pobre para aumentar sus ganancias, o que da al rico, ciertamente se empobrecerá». Dios es el que da la capacidad, la oportunidad y provee todas nuestras necesidades; pero si usted es una persona que se está aprovechando de otros para acumular dinero, su capital y posición socioeconómica están ya sentenciados a una condición de pobreza en el tiempo establecido por Dios.

c) La falta de sabiduría.

Proverbios 13:18 dice: «Pobreza y vergüenza tendrá el que menosprecia el consejo». Si nosotros rechazamos el consejo y la sabiduría de la Palabra de Dios, atraeremos irremediablemente la pobreza y la vergüenza, mas el que guarda la corrección recibirá honra. Es importante que pidamos consejo a la luz de los principios bíblicos, ya que la Palabra de Dios es nuestra mejor guía. En Proverbios 21:5 se nos indica: «Los pensamientos del diligente ciertamente tienden a la abundancia; mas todo el que se apresura alocadamente, de cierto va a la pobreza». El hecho de no querer recibir una dirección prudente convierte a la persona en «sabia en su propia opinión» y le conducirá a la pobreza, porque se apresuran alocadamente en la toma de decisiones, y a pesar de que tienen conocimiento y preparación en el área de las finanzas, no piden la dirección de Dios, la familia y las personas maduras espiritualmente y con conocimientos financieros, lo que de modo inexorable traerá una crisis económica, el descontento y la discordia en el hogar, así como la falta de productividad laboral por desechar el gobierno de Dios a través de su sabiduría, la cual ha prometido dar abundantemente y sin reproche a aquellos que se la pidan. No es que Dios no quiera bendecirlo, el problema es que estamos desechando su consejo por nuestra arrogancia o por preferir las opiniones ajenas alejadas de la Palabra de Dios, lo cual trae como efecto automático un cambio de la administración de Dios a la nuestra. Jesús afirmó: «Separados de mí nada podéis hacer» (Juan 15:5). El inicio de una economía saludable comienza pidiéndole a Dios sabiduría, la cual recibimos al tomar en cuenta la Palabra de Dios, actuar bajo su dirección, y darle la gloria al Señor por los resultados maravillosos.

d) El llevar un estilo de vida superior a sus posibilidades económicas.

El propósito del almacenaje del trigo por parte de José no fue para que tuvieran un estilo de vida como los «ricos y famosos», más bien fue para suplir las necesidades de su familia y el pueblo. La pérdida de la identidad en Cristo por darle crédito a la desvalorización que produce el entorno o las presiones sociales ha hecho a las personas más vulnerables al comercio, al venderles la idea de que adquiriendo algunos productos y servicios que se ofrecen serán personas mejores y exitosas. Tal cosa establece el concepto popular de «tanto tienes, tanto vales» como una realidad cuando es una mentira, y al creerla procuran adquirir todo aquello que se ofrece para elevar la autoestima, llevando de este modo un estilo de vida superior a las posibilidades económicas y llegando en poco tiempo a experimentar la dura realidad de ser esclavos de las deudas, lo cual impide la inversión en todo aquello que pueda traer fruto para la familia y les conduce a la pobreza. La psicóloga Verónica Guillén define que una persona compulsiva es «una persona insatisfecha consigo misma, con un vacío que llena con la dopamina (sustancia que está en el cerebro) que genera la adrenalina de planear las compras y comprar. El 90% de los afectados son mujeres y se da más en los jóvenes (47 por cada 33 adultos)». La Biblia afirma: «Hombre necesitado será el que ama el deleite, y el que ama el vino y los ungüentos no se enriquecerá» (Proverbios 21:17). La mayoría de los productos que se venden en el mercado no son en realidad necesarios, pero el hecho de creer tal falsedad ha convertido a muchas personas en entes de consumo y no de producción, por tal razón, para poder salir adelante económicamente y no ser víctimas del consumismo y agravar la crisis financiera, es imperativo ser realistas con respecto a nuestra condición espiritual y madurar para recuperar lo que somos en Cristo, lo cual nos da un valor incalculable delante de los ojos de Dios y nuestra conciencia. Además, también debemos ser realistas en cuanto a lo que nos permiten nuestras posibilidades económicas, según el producto de nuestro trabajo, para vivir de acuerdo a ellas, y cuando Dios nos dé mayores ingresos, podremos ir adquiriendo otras cosas que en este momento no podemos tener. Por algo la Palabra de Dios dice: «Los bienes que se adquieren de prisa al principio, no serán al final bendecidos» (Proverbios 20:21). Tener una identidad que aparenta ser de éxito, pero que al escudriñarla resulta ser ficticia, es el producto que el mercado mundial nos está vendiendo para que seamos víctimas del crédito y llevarnos a un nivel de gastos que no es saludable. Los bienes que se adquieren paulatinamente de acuerdo a las capacidades económicas serán disfrutados en su momento y no añadirán ansiedad y aflicción al corazón. Sin embargo, si Dios le ha bendecido económicamente y puede adquirir algunos bienes de acuerdo a sus ingresos, sería un pecado el no disfrutar de los beneficios extras que le ofrece. La Fontaine dijo al respecto: «El avaro raramente acaba la vida sin llanto; disfruta la mínima parte de los tesoros que guarda, atesorando para los ladrones, para los parientes, para la tierra».

En los Estados Unidos se define al comprador compulsivo (*shopaholic*) como aquel que practica «el arte de comprar lo que no se necesita con el dinero que no se tiene». La cifra que predomina en la población oscila entre el 2% y el 8% según diferentes estudios. A partir de las pocas estadísticas disponibles en el ámbito nacional, nueve de cada diez compradores compulsivos son mujeres, según afirma la Dra. Graciela Moreschi. En los países latinoamericanos existen pequeñas variantes en los porcentajes, pero el resultado final es casi el mismo. Como alguien dijo: «La vanidad es cien veces más costosa que un vicio». Algunos estudios realizados sobre el comportamiento de los hispanos en el mercado estadounidense relacionados con las compras compulsivas y las tarjetas de crédito nos brindan algunos datos significativos, por ejemplo, Colgate Palmolive encontró en sus estudios que el 26% de sus ventas provienen de Latinoamérica. «Los hispanos en los Estados Unidos tienen más aspiraciones que el mercado en general, utilizan más los cajeros electrónicos ATM, no son grandes consumidores de las tarjetas de crédito de las tiendas o almacenes, y consumen más comida rápida que el resto del mercado. Los hispanos no compran marcas con el nombre de los supermercados, les gusta tratar nuevos productos cuando van de compras, el 23% vive para comprar y el 6% compra para vivir, son compradores compulsivos, no planean antes de adquirir». La triste realidad es el endeudamiento que tienen estas personas, el cual no les permitirá poder enfrentar la demanda de las necesidades; y con el agravante de una crisis económica a nivel internacional, esto merece más atención.

AOL también encontró que los hispanos en general en los Estados Unidos y Latinoamérica están utilizando el Internet cada vez más para investigar y averiguar acerca de los productos y los servicios antes de hacer una decisión de compra.

La mayoría de los hispanos se están acogiendo a las facilidades que comprar por la Internet ofrece, el 35% está de acuerdo con la idea de poder comprar mientras se está en pijamas. La trampa de la facilidad del crédito está colaborando, no solo con la quiebra financiera familiar, sino también con la de la nación, porque la economía se está basando en el consumo y no en la producción. La manera mas simple de poder evaluar la economía nacional es analizando la economía familiar.

El siguiente grafico nos muestra que hay un público que es compulsivo en sus compras, en especial por la Internet, y la edad de este público oscila mayormente entre los dieciocho y los cuarenta años.

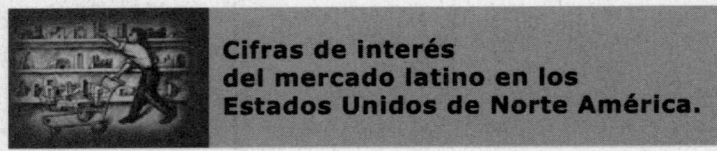
Cifras de interés del mercado latino en los Estados Unidos de Norte América.

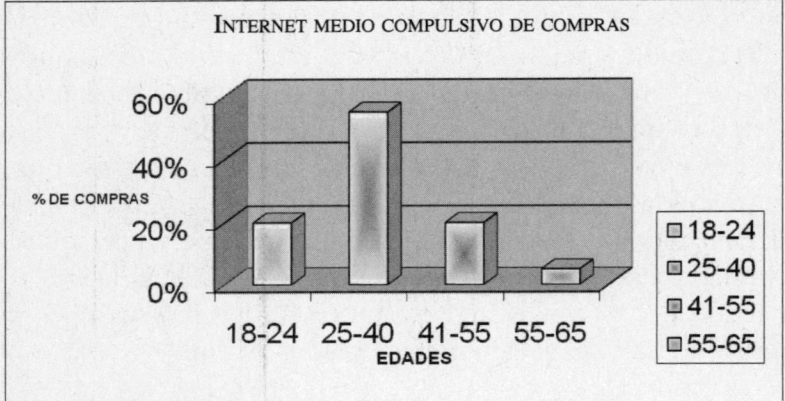

e) Vivir del préstamo.

El mundo globalizado en el cual vivimos nos ha vendido la idea de que podemos tener una mejor calidad de vida a través de los préstamos, y el más conocido de ellos es el manejo de la tarjeta de crédito. Las tarjetas de crédito son una herramienta peligrosa cuando se usan de modo inadecuado, son como un arma que puede ser letal y muy silenciosa, porque la impresión que se produce al pagar es sobrecogedora por la capacidad de pago y la facilidad que ofrecen para comprar adictivamente, estimulando la mentira de que se tiene dinero aun cuando no es cierto, ya que el dinero se presta con mucha velocidad, pero con los intereses más altos que existen. Esto me recuerda un refrán que dice que la diferencia entre los niños y los adultos únicamente es el juguete; o sea, que una tarjeta de crédito en poder de un adulto puede ser como un arma de fuego en las manos de un chico. Un alto porcentaje de la población, en especial la clase media y media alta, está cayendo en la trampa de sentirse poderoso con el dinero llamado «de plástico»; y debido a la falta de sabiduría en el manejo de las tarjetas de crédito, así como a la presión de un mundo de negocios tan acelerado, estamos siendo obligados a adquirir este tipo de préstamos al exigirse la tarjeta de crédito en los hoteles, los servicios de renta de vehículos y para otras clases de transacciones económicas, donde no se acepta ni siquiera el efectivo. El problema es que al tener el crédito disponible y una mente no disciplinada, hacer uso de este crédito para adquirir productos como la comida y pagar servicios como el agua, la energía, los estudios y otras cosas necesarias para el buen desarrollo de la familia hace que muchas personas se sumerjan en deudas que aumentan mensualmente, y al verse imposibilitadas de cancelarlas permanecen en un estado de ansiedad y aflicción que llega luego a la frustración por pasar la mayor parte de la vida trabajando para pagar las deudas, estancándose así el desarrollo socioeconómico de los pueblos y haciéndose más ancha la brecha entre los más pobres y los que han acumulado más riquezas. De nosotros depende que queramos ser libres o esclavos al aceptar o rechazar la verdad de los principios de la Palabra de Dios, lo cual determinará nuestro futuro socioeconómico. Usted elige entre hundirse en la pobreza o participar en un desarrollo económico autosostenible y sistemáticamente creciente. G. Ephraim Lessing dijo: «Pedir prestado no es mucho mejor que mendigar». El Señor Jesús, en Mateo 6:25-34, nos hace ver que él conoce y está interesado en suplir nuestras necesidades diarias, ya que el ser humano es la corona de la creación y los creyentes en Cristo son hijos de Dios. Él, como Padre, quiere suplir todas nuestras necesidades para no darle lugar al afán y la ansiedad a la hora de satisfacer nuestras carencias, nos invita a confiar en su paternidad responsable y a preocuparnos por cumplir el plan de Dios para nuestra vida al obedecer su Palabra y extender su reino, lo cual traerá como beneficio que todas las cosas por las cuales estamos preocupados nos serán suplidas por el Señor: «Mas buscad primeramente el reino de Dios y su justicia, y todas estas cosas os serán añadidas» (Mateo 6:33). Y para mantener fresca esta promesa en el área económica, la dejó incrustada en la oración modelo, el Padrenuestro: «El pan nuestro de cada día, dánoslo hoy» (Mateo 6:11). Esta oración se encuentra dentro de los principios económicos del evangelio para pedir la provisión de las necesidades básicas de una familia y no extender mi mano pidiendo migajas al «dios del crédito». En este momento le hago un desafío: pídale a Dios en oración con humildad y lleno de fe por sus necesidades. Y usted verá de una manera sobrenatural cómo nuestro Dios suple todas nuestras necesidades.

Evolución de la incertidumbre hipotecaria

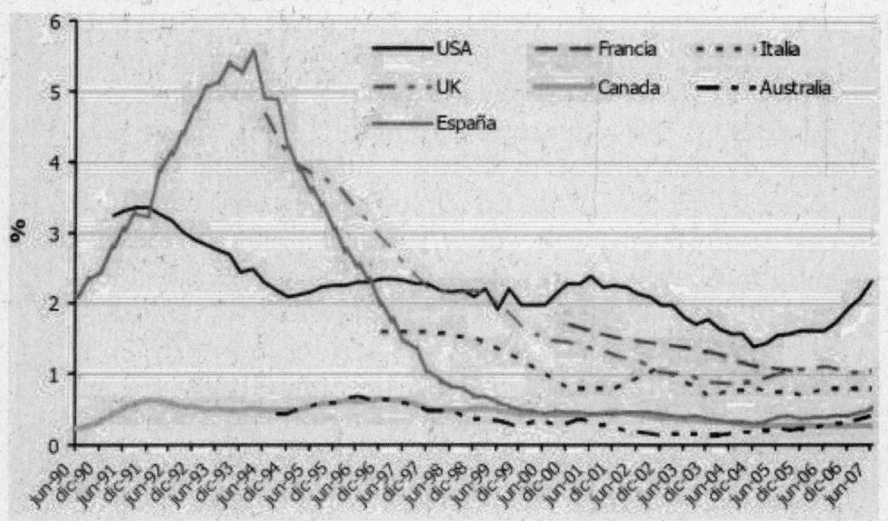

Cuando se cae en la cultura del préstamo para el progreso de las familias y la nación, a mediano y largo plazo la misma podría colapsar cuando se adhieren factores imprevistos. Un ejemplo de ello es la crisis inmobiliaria en los Estados Unidos, donde con el buen deseo de que cada persona pudiese obtener su vivienda se bajaron los intereses para que así la nación se embarcara en el crédito, descuidándose los factores de solvencia, los riesgos, la desaceleración económica y la inflación, lo cual condujo a la imposibilidad de hacer los pagos a una gran mayoría de personas. El analista económico Desmond Lachman, miembro del Instituto Empresarial de Estados Unidos, con sede en Washington, señaló que «la crisis financiera se debió a los excesos en el otorgamiento de créditos para deudores de poca solvencia, las condiciones para el otorgamiento de créditos hipotecarios se aligeraron como nunca antes y eso condujo finalmente a la actual crisis de los créditos hipotecarios. La drástica reducción de las tasas de interés en 75 puntos básicos, el 21 de enero del 2008, demuestra que la Reserva Federal reconoció el peligro derivado de la letal combinación de *un colapso en el mercado inmobiliario, un agudo cuello de botella en materia de créditos* y un precio del petróleo de alrededor de $90 el barril» (Notimex). Según algunos economistas comentan, la medida de la Reserva Federal de los Estados Unidos de disminuir los intereses produce un agravamiento del problema al alimentar la deuda dando mayores facilidades de crédito, lo cual ha hundido en la frustración a muchas personas. Al respecto, el Observatorio de Coyuntura Económica del Instituto Juan de Mariana ha hecho pública una nota de prensa en la que señala que, en lugar de aliviarla, a medio plazo esta medida solo servirá para *agravar la crisis actual*. Los problemas por los que atraviesa la economía radican en esencia en el exceso de deuda. Las razones esgrimidas por los expertos son dos: en primer lugar, que los problemas por los que actualmente atraviesa la economía mundial se basan sobre todo en el *exceso de deuda acumulado* por las empresas y los particulares; y que una medida como la reducción de tipos solo sirve para que sea más fácil endeudarse y, por lo tanto, que *el problema crezca*. ¿Quién es más confiable, Dios o el crédito? Usted decide en quién confiar para vivir. Veamos ahora otros factores que no permiten un desarrollo económico para que se construya un granero donde se almacene la provisión de Dios.

f) La negligencia educativa y laboral.

Proverbios 13:23 afirma: «En el barbecho de los pobres hay mucho pan; mas se pierde por falta de juicio». El agricultor, con la esperanza de una cosecha, prepara la tierra quitándole toda maleza y removiéndola para exponerla al nitrógeno, a otros elementos de la atmósfera y al agua por un tiempo entre uno o dos años, nutriéndola así con los elementos necesarios con miras a que la visión de la cosecha sea una realidad. Esto es hacer barbecho. Dentro de la visión de Dios para nuestra vida hay planes que sobrepasan nuestras ideas y deseos: «Porque yo sé los pensamientos que tengo acerca de vosotros, dice Jehová, pensamientos de paz, y no de mal, para daros el fin que esperáis» (Jeremías 29:11). Sin embargo, está en nuestras manos que se puedan realizar en nuestra vida si «preparamos el barbecho», es decir, reconocemos lo que somos y tenemos. Ya sea que se trate de talentos, bienes u oportunidades, debemos trabajar en ellos, estudiarlos y exponerlos con humildad delante de Dios, aceptando la ayuda divina para tener la capacidad de ser productivos y luego sembrar la semilla con miras a una cosecha a mediano y largo plazo. El barbecho de los pobres nos habla de todas las oportunidades que Dios le da a cada individuo sobre esta tierra, como la inteligencia, los dones naturales, las capacidades para el trabajo, alguna parcela de tierra, un oficio o profesión, así como muchos otros recursos que pueden constituir nuestros principales activos para producir riquezas. Muchas personas no se han dado cuenta de que ese barbecho, aunque nos parezca insignificante, tiene un potencial que puede suplir el pan necesario, pero por la falta de conocimiento, entendimiento, prudencia, sabiduría y esfuerzo no lo han hecho producir, desaprovechando lo que Dios les ha dado. Analicemos algunos barbechos u oportunidades que necesitan desarrollarse:

(1) El estudio. Muchas personas no quieren estudiar y prepararse aunque tengan todas las facilidades, eso es despreciar lo que hay en el barbecho, y tal falta de aprovechamiento les impide progresar en el área financiera. Dios les dio inteligencia para ser desarrollada por medio del estudio y llegar a ser productivos, pero muchos no quieren prepararse estudiando, sobre todo cuando se tiene la mejor edad que es la juventud. En muchos otros casos la educación no es posible debido a la condición económica y aunque quieran no pueden llevarla a cabo en el tiempo normal, pero siempre debemos hacer un esfuerzo por no perder la oportunidad que Dios nos concede de ser prosperados, lo cual nos ayudará a no ser parte de los conformistas que siguen considerando en poco lo que Dios tiene disponible para todos. En otras ocasiones existe una indisposición o parálisis anímica hacia la educación debido a las diferentes experiencias dolorosas de la vida, las cuales sirven como piedra de tropiezo para el progreso, o por la alteración de las prioridades personales y la falta de oportunidades, lo que trae como resultado una agudización de la pobreza. La trabajadora social Alicia Gentolia señaló: «La pobreza es una mujer que, en lugar de enviar a sus hijos a la escuela, los envía a mendigar a la calle, porque de otro modo no tendrían nada que comer. La madre sabe que está perpetuando el ciclo en el que ella misma está atrapada, pero no ve modo alguno de salir de él». Este círculo vicioso tiene que romperse con la aceptación de la importancia de «la visión de la educación», así como con la cooperación de todos, para que el estudio sea accesible a la gran mayoría. La responsabilidad de cada padre de familia debe ser motivar y respaldar económicamente la educación de sus hijos y ver esto como un factor de amor e inversión, para que de este modo sus hijos tengan mejores oportunidades laborales y económicas de las que ellos tuvieron, sobre todo conociendo el peligro de que enfrentarán una crisis económica sin precedente en los tiempos modernos.

El mundo en el cual vivimos exige mayores niveles de preparación, y aquel que se niegue a trabajar su inteligencia tendrá menos oportunidades laborales y como consecuencia menos ingresos. Al que busca la ayuda de Dios para estudiar, le será concedida tal petición, pues la misma se encuentra dentro de la voluntad divina. Es imperativo que los padres oren y ayuden a sus hijos a estudiar con el respaldo moral y económico según sus posibilidades, para que puedan enfrentar un mundo mucho más exigente y competitivo que aquel que nos tocó vivir cuando éramos jóvenes.

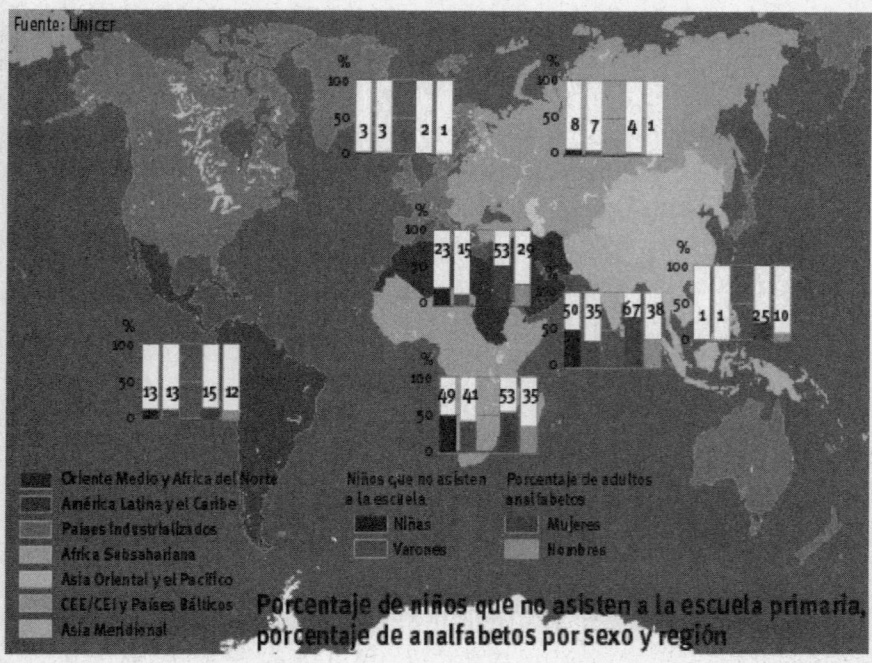

Porcentaje de niños que no asisten a la escuela primaria, porcentaje de analfabetos por sexo y región

(2) El trabajo. En la mayoría de los casos, las personas sufren una gran escasez económica no por falta de oportunidades, sino por no discernir y poner a trabajar los talentos que Dios les ha dado. Un ejemplo de ello es la exportación del cacao de los países latinoamericanos y africanos hacia el continente europeo para que sea procesado y comercializado, dando luego jugosas ganancias al convertirse en las famosas barras de chocolate suizo, francés, belga y de otros países. ¿Por qué tienen que ser los europeos y otras naciones las que procesen el cacao y no los países productores? ¿Será imposible que podamos mejorar la calidad del chocolate procesado, siendo posible de esta forma competir en el mercado con un producto superior y precios más bajos al contar con la ventaja de que cultivamos el cacao? Otro ejemplo de esto podría ser la capacidad, el deseo y la buena voluntad de una esposa para cocinar; una habilidad que no solo hay que ponerla al servicio de la familia, sino que debe tratar de convertirse en una fuente de trabajo al aprovecharse la oportunidad de establecer un negocio de comida con muy buena calidad e higiene y precios accesibles, el cual podría llegar a convertirse en una cadena internacional de restaurantes y luego en una franquicia internacional. Muchas de las cadenas de restaurantes alrededor del mundo comenzaron de esa manera, con una visión grande, pero aquellos que menosprecian la inteligencia que Dios les ha dado o la ocupan para buscar ganancias fáciles (aunque muchas veces esta no sea la mejor forma de obtener riquezas) perderán su oportunidad de progresar por no hacer productivo el barbecho o las capacidades y oportunidades que Dios le ha dado, que sería lo mismo que mantener una actitud caprichosa, conformista y de autosuficiencia. Existen muchos ejemplos que nos deben inspirar a pasar de una posición de consumidores a la de productores. Cuando Abraham Lincoln vio a su nación emergente llena de desventajas económicas, dijo con su manera campechana característica: «No sé demasiado acerca de aranceles, pero lo que sé muy bien es que cuando compramos bienes manufacturados a los extranjeros, nosotros nos quedamos con los productos y ellos con el dinero. Cuando compramos productos nacionales nos quedamos con ambas cosas». El problema no está en la oportunidad o «barbecho», sino en la «falta de juicio» o inteligencia laboral debido a la escasez de reconocimiento, esfuerzo, pasión, *gratitud por lo que se tiene*, cooperación y falta de visión; si rompiéramos con ciertos paradigmas negativos, llegaríamos a ser altamente productivos y competitivos, pues somos hijos del Creador que hizo todo lo que existe y nos ha dotado de inteligencia y oportunidades, así que descúbrelas y ponte a trabajar.

Aquellos que menosprecian la inteligencia que Dios les ha dado no van a hacer producir su barbecho, y en lugar de tener producción tendrán pobreza a causa de la falta de juicio. Dedique un tiempo para hacer una autoevaluación en oración delante de Dios acerca de los talentos que él le ha dado y deje que el Espíritu Santo le revele a su espíritu esas bondades, luego escríbalas una por una y hágase la siguiente pregunta: ¿Estoy haciendo producir lo que Dios me ha dado? Si su respuesta es negativa, entonces arrepiéntase, deslíguese de todo lo que no le permita ser productivo y comience a producir; pida asesoría, instrúyase y se dará cuenta de que usted tiene la posibilidad en Dios de salir de una condición económica no saludable. Consagre su productividad al servicio de Dios, su familia, su prójimo y su iglesia, renunciando para siempre a una actitud de queja e inconformidad para que esto no le acondicione a una vida de fracaso. Dé gracias a Dios por todo lo que le ha entregado en sus manos, y al desarrollarlo bajo su sabiduría, se convertirá en una cosecha sin precedentes; de lo contrario, la negligencia le llevará a experimentar la pobreza. Como dijera C. Colomo: «Por la calle del "después" se llega a la plaza del "nunca"».

Muchas personas parten de la premisa de la ley del mínimo esfuerzo para obtener grandes ganancias y creen que con el entusiasmo que le puedan inyectar a esta mentira tendrán grandes resultados. Sin embargo, la Biblia dice: «El labrador, para participar de los frutos, debe trabajar primero» (2 Timoteo 2:6). Además señala: «El que siembra escasamente, también segará escasamente; y el que siembra generosamente, generosamente también segará» (2 Corintios 9:6). Estas verdades nos hablan del esfuerzo, al cual está condicionada la cosecha; por tal razón, no existe espacio para la pereza o la ley del mínimo esfuerzo, ya que en ellas está enquistada la incredulidad. Si queremos ver el tiempo de «las vacas gordas», debemos de estar dispuestos a sudar la frente. Winston Churchill dijo: «El precio de la grandeza es la responsabilidad». Estar dentro de la voluntad de Dios y aceptar sus desafíos con fe, responsabilidad y esfuerzo nos introducirá en el maravilloso mundo de las «buenas obras, las cuales Dios preparó de antemano para que anduviésemos en ellas» (Efesios 2:10).

Alguien dijo que el perezoso «es aquel que tiene una repugnancia habitual al movimiento. Su vicio es no moverse, mientras que el vicio del vago es moverse demasiado, pero sin utilidad ni provecho; y el del holgazán es evitar el trabajo para holgar». Estos son gérmenes que si se le dan mayor espacio se reproducen rápidamente, creando una tela de araña en la que quedará atrapado el perezoso y que neutralizará la enorme oportunidad que Dios le entregó. La Biblia dice: «Un poco de sueño, un poco de dormitar, y cruzar por un poco las manos para reposo; así vendrá tu necesidad como caminante, y tu pobreza como hombre armado» (Proverbios 6:10-11). El pago de su insensatez será la pobreza, a la cual se acostumbrará por el potente somnífero de la pereza sobre la conciencia. Escuchemos la exhortación del Señor: «La pereza hace caer en profundo sueño, y el alma negligente padecerá hambre» (Proverbios 19:15).

g) El fraude.

Este es uno de los males más practicados en todas las esferas de la sociedad, el cual la ha deshumanizado y desintegrado llevándola al desfiladero de la bancarrota financiera, pues las personas se han dejado seducir por el principio maquiavélico de que «el fin justifica los medios» para llegar a ser exitosas en el menor tiempo posible a través del engaño. La palabra *fraude* se traduce del griego *dolios*, de donde se deriva la palabra *dolo*, que significa «engañoso, engañar, cebo, trampa, seducir como con un anzuelo». El que practica el fraude se aprovecha de la buena fe, la falta de conocimiento, la amistad y otros factores para que les sirvan como un ropaje de piel de oveja y de este modo colocar un anzuelo y atacar de manera sorpresiva a su víctima, despojándola de sus bienes con la ilusión de poderlos disfrutar, pero sin darse cuenta de que está siendo engañado por el mismo engaño. Las prácticas de este mal cada día van en aumento en todas las naciones, en unas más que en otras, y están directamente relacionadas con el decrecimiento financiero, con lo cual están condenando a la familia y la nación a la falta de desarrollo económico. Según estudios realizados en la nación mexicana por KPMG, «el 77% de las empresas que operan en México han tenido cuando menos un fraude en el último año. De estos casos, el 46% fue cometido por personal de las propias empresas. Además, el 44% de las empresas que operan en México han reconocido haber realizado algún pago extraoficial a servidores públicos. Las empresas defraudadas enfrentaron, como consecuencia del ilícito, problemas como incrementos en los costos de operación (53%), la pérdida de confianza entre los empleados (41%) y daños a la imagen de la compañía (25%). Las causas de la corrupción son: trámites lentos (47%), multas injustificadas (27%), pérdida de contratos (21%), aumento de los costos de operación (21%) y falta de vigilancia e inseguridad (7%)». Tratar de justificar la práctica del fraude debido a la presión de la burocracia, la negligencia laboral, la injusticia, la compra de voluntades para ganar una licitación y otras piedras de tropiezo en el camino, no debe hacerle desesperar y caer en esa trampa pecaminosa que es el fraude, pues esto minará su economía.

La Biblia nos da una perspectiva divina sobre el fraude, ofreciendo una visión futurista de las consecuencias que han de cosechar todos aquellos que lo practican:

No serán de provecho. «Los tesoros de maldad no serán de provecho; mas la justicia libra de muerte» (Proverbios 10:2).

La falta de la satisfacción y la realización que esperaba de los bienes adquiridos a través del fraude se transformará en una sombra y una frustración continua, la cual producirá un «agujero negro» que se convertirá en una fuerza gravitacional que le succiona a otra clase de vicios y pecados, por lo que al final de sus días dirá: «No tengo en ellos contentamiento».

Es abominación. «El peso falso es abominación a Jehová; mas la pesa cabal le agrada» (Proverbios 11:1). Robar con astucia en algunos círculos de maldad es visto con buenos ojos, como un acto brillante de la inteligencia, cuando en realidad es una insensatez debido a que nos aleja de la fuente de bendición que es Dios, pues esta practica le es abominable aunque para otros sea aceptable. Por tal motivo, al hacer esto está sentenciando su propio capital a la destrucción, y tal cosa puede ocurrir no solo en el tiempo de vida de aquel que lo practica, sino en el de aquellos que reciben una herencia económica obtenida a través del fraude. «Pesa falsa y medida falsa, ambas cosas son abominación a Jehová» (Proverbios 20:10).

Es una ilusión. «Amontonar tesoros con lengua mentirosa es aliento fugaz de aquellos que buscan la muerte» (Proverbios 21:6). Los únicos bienes que se disfrutan son producto de la provisión de Dios por medio de nuestro trabajo y gozan de una cobertura de estabilidad y permanencia, al contrario de aquellos bienes que se adquieren de forma fraudulenta, los cuales nunca serán de satisfacción y están condenados a desaparecer a corto y mediano plazo. Por eso la Biblia afirma: «Mejor es el pobre que camina en su integridad, que el de perversos caminos y rico» (Proverbios 28:6). Veamos otro de los factores que socavan la oportunidad de poder captar la provisión financiera proveniente del Señor.

h) La opresión al prójimo.

Hacer un capital coaccionando a los demás física y moralmente, aprovechándose de las necesidades de las personas a través del temor, la amenaza o la injusticia, es otro de los pecados por medio del cual obstaculizaremos la bendición de Dios, y al mismo tiempo, es otra de las brocas que perforan el granero de la economía familiar y nacional, «pues todo lo que el hombre sembrare, eso también segará» (Gálatas 6:7). Este es otro de los grandes parásitos que no han sido tomados en cuenta en las estructuras sociales, ya que forma parte de su estrategia de recuperación económica cuando en realidad lo que están cometiendo es un «ataque terrorista contra su propia economía», atrayendo sobre sí mismos:

Pobreza. «El que oprime al pobre para aumentar sus ganancias, o que da al rico, ciertamente se empobrecerá» (Proverbios 22:16). En algunas ocasiones la pobreza es el resultado de haber exprimido, oprimido o abusado del pobre, aprovechándose de su necesidad de trabajo al no otorgarle un salario justo por lo que hace y privarle de los beneficios que la ley le otorga. Al que practica tal cosa, en sus inicios pareciera que todo le va bien, mas la quiebra económica está en marcha. Este es otro de los malos graneros que están destinados a la destrucción, por lo tanto, el que así actúa no prosperará en el ámbito espiritual ni económico.

Disciplina. «No robes al pobre, porque es pobre, ni quebrantes en la puerta al afligido; porque Jehová juzgará la causa de ellos, y despojará el alma de aquellos que los despojaren» (Proverbios 22:22-23). Dios no dará por inocente al culpable que se aprovecha de la condición de pobreza de su prójimo para robarle y oprimirle, pues él será el que castigará estos actos de injusticia. ¿Desea atraer sobre su vida la miseria como un resultado de la disciplina o el castigo de Dios?

Falta de crecimiento o enanismo espiritual. «¿Por qué, dicen, ayunamos, y no hiciste caso; humillamos nuestras almas, y no te diste por entendido? He aquí que en el día de vuestro ayuno buscáis vuestro propio gusto, y oprimís a todos vuestros trabajadores» (Isaías 58:3). El deseo de Dios es que todos podamos crecer espiritualmente hasta alcanzar la estatura y la plenitud de Cristo o llegar a ser maduros desde el punto de vista espiritual, pero este propósito puede ser truncado colateralmente por nuestras actitudes negativas hacia los trabajadores y socios, neutralizando la efectividad del recurso de la oración y el ayuno para potenciar nuestra vida cristiana. ¿Cuáles son las metas espirituales que tiene para su vida? Una actitud correcta hacia su prójimo es clave para poderlas alcanzar, pero si la misma es negativa, se convertirá en un caballo de Troya en su alma.

i) El soborno.

La idea de aquel que practica el soborno es encontrar un atajo que supuestamente lo llevará a alcanzar sus objetivos, violando los principios de la honestidad y las leyes de la nación, haciendo caer al incauto que acepta el soborno con consecuencias negativas para él y los bienes que posee. Comprar las voluntades de las personas significa violar el principio bíblico del libre albedrío, el cual ni incluso Dios violenta. Por lo tanto, el que practica tal cosa es un esclavizador de conciencias y el que lo acepta se somete como esclavo, así que ambos experimentarán las consecuencias a corto, mediano y largo plazo por torcer el derecho y la honestidad, los cuales son necesarios y beneficiosos para la armonía entre los seres humanos y el progreso de los pueblos. La Biblia dice: «No tuerzas el derecho; no hagas acepción de personas, ni tomes soborno; porque el soborno ciega los ojos de los sabios, y pervierte las palabras de los justos» (Deuteronomio 16:19). Los efectos espirituales y materiales de la práctica de este pecado afectarán de forma directa la base espiritual, racional, afectiva y económica de una familia, destruyendo todo lo que ha edificado a lo largo de su vida al esconder un «manto babilónico bajo su tienda» (véase Josué 7). Así como en el pasado Acán fue víctima de la codicia arrastrando a su familia al fracaso, del mismo modo será para aquellos que creen en el soborno y no en los principios de justicia de la Palabra de Dios. La Biblia afirma: «Alborota su casa el codicioso; mas el que aborrece el soborno vivirá» (Proverbios 15:27), sin embargo, esto no está hablando de la cantidad o extensión de tiempo que vivirá tal persona, sino más bien de la calidad de la vida que recibirá aquel que no acepta el soborno. Así que podemos decir que es nuestra aceptación o rechazo de la Palabra de Dios lo que determina la «calidad de vida que deseamos tener», por eso, la Biblia nos advierte sobre las consecuencias dolorosas de la práctica de pervertir el derecho a través del soborno: «Tus príncipes, prevaricadores y compañeros de ladrones; todos aman el soborno, y van tras las recompensas; no hacen justicia al huérfano, ni llega a ellos la causa de la viuda. Por tanto, dice el Señor, Jehová de los ejércitos, el Fuerte de Israel; Ea, tomaré satisfacción de mis enemigos, me vengaré de mis adversarios; y volveré mi mano contra ti, y limpiaré hasta lo más puro tus escorias y quitaré toda tu impureza. Restauraré tus jueces como el principio, y tus consejeros como eran antes; entonces te llamarán Ciudad de justicia, Ciudad fiel. Sion será rescatada con juicio, y los convertidos de ella con justicia» (Isaías 1:23-27).

La noticia publicada por BBC Mundo el 4 de febrero del 2008 da a conocer la incidencia de este mal en la mayoría de las naciones, aunque unas son más dadas que otras al soborno: «Según la investigación de la organización anticorrupción Transparencia Internacional (TI) realizada con 63,000 personas en más de 60 países, se destaca que un 10% de la población ha realizado algún tipo de soborno».

África es uno de los continentes que más suele solicitar un soborno para poder ofrecer un servicio, y a un 45% de los africanos en los últimos 12 meses se le ha solicitado el pago de un soborno. Los policías son los que más han solicitado dicho pago, llegando a requerirlo un 25% de ellos en muchos países. En la estadística realizada por edad se puede ver un dato relevante, ya que los más jóvenes suelen ser los que más sobornos pagan, llegando a pagar los menores de 30 años un 18% de los sobornos y los mayores de 65 años tan solo un 3%. A pesar de la percepción popular de que son los más ricos los que pagan sobornos para ganar mayor influencia y aceitar los engranajes del poder, son principalmente los pobres los que deben recurrir a esta práctica para asegurarse el acceso a los servicios básicos.

QUIÉNES SOBORNAN MENOS
Austria - 1%
Canadá - 1%
Francia - 1%
Islandia - 1%
Japón - 1%
Corea del Sur - 1%
Suecia - 1%
Suiza - 1%
Dinamarca - 2%
Holanda - 2%
(Fuente: Transparencia Internacional)

En la región Asia-Pacífico ese índice fue del 22%, lo cual representa un 15% más en relación con el año 2006; mientras que en los países del sudeste de Europa fue de un 12%, también por encima del año anterior.

El 44% de las empresas que operan en México ha reconocido haber realizado algún pago extraoficial a servidores públicos. En promedio, las empresas destinan un 5% de sus ingresos anuales al pago de sobornos.

j) La usura y el crecido interés.

Uno de los factores que estaba amenazando la restauración del pueblo de Israel después del cautiverio en los tiempos de Nehemías fue la práctica de la usura o el crecido interés dentro de ellos mismos, lo cual amenazaba la unidad del pueblo —un elemento indispensable para el progreso del matrimonio, la familia y la nación— debido al amor al dinero que los motivaba a cobrar altos intereses. Nehemías tuvo que tomar la decisión de cortar de raíz esta práctica para no entorpecer el avivamiento que esta nación estaba experimentando después de más de ciento cuarenta años de sufrimiento. Todavía muchos cristianos conocedores de estas prohibiciones están cometiendo el mismo grave error, el cual va no solo en contra de los perjudicados, sino también de los cimientos de su propia economía. La Biblia dice: «El que aumenta sus riquezas con usura y crecido interés, para aquel que se compadece de los pobres las aumenta» (Proverbios 28:8). En hebreo, la palabra para interés es *neshekh*, aunque en el libro de Levítico también se usan *tarbit* y *marbit*, que literalmente significan «mordida», haciendo una referencia al abuso de los altos intereses para devorar el capital del deudor. Dentro del pueblo de Israel no era permitido cobrar intereses cuando alguien hacía un préstamo (véase Éxodo 22:25; Levítico 25:35; Deuteronomio 23:19).

En *The Coming First World Debt Crisis* (2006), Ann Pettifor presenta esta definición moderna de usura: «Usura es la práctica de exaltar los valores del dinero por sobre los valores humanos y medioambientales; de crear dinero sin costos y prestarlo a tasas de interés con el propósito no de fomentar y mantener la humanidad o el ecosistema, sino de acumular reservas de rentas no salariales; extraer riqueza del sector productivo de un modo que es parasítico; extraer riqueza de los que carecen de riqueza (los que carecen de activos); y reivindicar una parte del futuro» (Global Research).

Es urgente que ante la inminente crisis económica que se avecina para la mayor cantidad de pueblos en todo el mundo, desechemos y abandonemos a través del arrepentimiento y por medio de la fe en la sangre de Cristo todos aquellos valores, hábitos y costumbres corruptas o «graneros podridos» en el manejo financiero, para darle así espacio a la promesa divina de una provisión económica oportuna. Si no está dispuesto a tomar tales medidas, usted estará impidiendo la gracia de Dios y se autocondenará al fracaso.

Es indispensable y urgente tomar medidas drásticas para destruir los graneros de los valores y practicas corruptas en el quehacer financiero, porque de otra manera Dios no propiciará el tiempo de «las vacas gordas» o el desarrollo económico para enfrentar cualquier adversidad. El Señor Jesús dijo: «Si tu mano derecha te es ocasión de caer, córtala» (Mateo 5:30).

CAPÍTULO SEIS
CONSTRUIR UN NUEVO SISTEMA DE VALORES O «GRANEROS» PARA EVITAR LA FUGA FINANCIERA

Génesis 41:34-36

Haga esto Faraón, y ponga gobernadores sobre el país, y quinte la tierra de Egipto en los siete años de la abundancia. Y junten toda la provisión de estos buenos años que vienen, y recojan el trigo bajo la mano de Faraón para mantenimiento de las ciudades; y guárdenlo. Y esté aquella provisión en *depósito* para el país, para los siete años de hambre que habrá en la tierra de Egipto; y el país no perecerá de hambre.

Ante la inminente cosecha que venía para el país de Egipto, era necesario por completo edificar *nuevos graneros* de alta calidad y en abundancia, para que tuviesen la capacidad de mantener el trigo en excelentes condiciones durante el período de siete años de las «vacas flacas». Dios nos está llamando a edificar en nuestro corazón una nueva escala de valores conformes a su Palabra, para que sean consistentes con todo lo que él quiera derramar sobre nuestra vida, la familia, la iglesia y la nación. Al considerar el nuevo esquema económico que le dio resultados a José y la nación de Egipto previniéndole de una contundente derrota económica, los que observaban este milagro llegaron pidiendo «trigo»; así que sin proponerse ser un modelo económico, los sorprendentes resultados lo convirtieron en uno y le brindaron gran publicidad, siendo un imán para los que estaban atravesando la crisis económica debido a que permitió que Dios guiara su destino. Esta historia se puede repetir en nuestra vida si utilizamos la misma estrategia de orientación económica y provisión, la cual se convertirá en una oportunidad para testificar de la grandeza de Dios en nuestros días y que así las personas decidan tener un encuentro personal con Dios por medio de la amnistía que él nos preparó de antemano a través del sacrificio expiatorio de Jesús por el pecado de toda la humanidad. De este modo, aquel que cree en esta verdad podrá experimentar el milagro del nuevo nacimiento y ser adoptado por Dios como hijo, disfrutando de todos los derechos y deberes de tal privilegio, lo cual es la base de la economía presente y futura. En el capítulo anterior consideramos los parásitos que destruyen la economía, en este, analizaremos algunos de los valores, principios bíblicos o «graneros nuevos» que preparan la plataforma para atraer la bendición de Dios sobre aquellos que le temen.

a) La generosidad.

¿Por qué Dios bendice económicamente a algunas personas, negocios e iglesias en particular? En el libro de Proverbios 11:24-25 dice: «Hay quienes reparten, y les es añadido más; y hay quienes retienen más de lo que es justo, pero vienen a pobreza. El alma generosa será prosperada; y el que saciare, él también será saciado». En estos versículos estamos viendo dos principios espirituales, uno que puede llevar al éxito y otro al fracaso financiero; el primero es dar para el necesitado y el reino de Dios, el segundo es la avaricia o retener lo que se debió haber ofrendado, lo cual le conduce al fracaso.

Está claro que son nuestras actitudes hacia la necesidad del prójimo y la obra de Dios las que nos están predeterminando para recibir la provisión económica proveniente del Señor, o por el lado contrario, nos están conduciendo a la pobreza. Su futuro económico está en sus manos, y está condicionado por el hecho de obedecer la Palabra de Dios o desobedecerla. La Biblia dice: «A Jehová presta el que da al pobre, y el bien que ha hecho, se lo volverá a pagar» (Proverbios 19:17). Esto significa que lo que tengo que dar representa una inversión y no un gasto, pues Dios se compromete en bendecir a aquel que no le cierra su mano al necesitado; recuerde que Dios siempre paga bien y que esto lo hará en el momento que así lo determine: «El alma generosa será prosperada; y el que saciare, él también será saciado». Algunos creen que este principio solo es dado para aquellos que tienen posibilidades económicas, pero no es cierto; el mismo es para todas las condiciones socioeconómicas de una nación. Si compartimos lo poco que tenemos con el necesitado, estamos adentrándonos en una estrategia de inversión divina, pues aun cuando lo hacemos por amor al prójimo sin esperar nada, Dios siempre se encargará de bendecirnos. Si fundamentásemos en este principio divino nuestra economía, la misma comenzaría a ser prosperada; por tal razón, si hay un necesitado, provéale lo necesario, como medicamentos, educación, vestido y alimentos, y de este modo estará haciendo una de sus mejores inversiones en la vida.

Ante una inminente bancarrota financiera internacional que tocará fuertemente a la puerta de las grandes mayorías, es necesario comprender que una de las inversiones más saludables que podemos hacer antes de que nos encontremos frente a una triste realidad es ayudar al necesitado espiritualmente para que tenga un encuentro personal con Cristo, proveyéndole lo que necesite según nuestras posibilidades, de lo contrario, la Biblia dice: «El que da al pobre no tendrá pobreza; mas el que aparta sus ojos tendrá muchas maldiciones» (Proverbios 28:27). ¿Qué se entiende como maldición? «Ser insignificante o despreciable», y esto implica que hay una sentencia de devastación, de reducción hasta el punto más bajo o insignificante en muchas áreas de la vida –incluyendo la de los recursos financieros y la fuente de trabajo– debido a que hemos cerrado nuestro corazón a las necesidades reales de los demás; sin embargo, creo que nadie desea tener una sentencia de destrucción sobre sus finanzas. Una de las muchas causas que desestabilizaron la economía estadounidense en la época de la gran depresión fue que las ganancias de las empresas no se invirtieron en el aumento salarial, para que así el pueblo tuviera más capacidad adquisitiva y no se endeudara, hasta el punto de quebrar la liquidez de los bancos; en otras palabras, la avaricia o el no compartir se convirtió en un bumerán que socavó los cimientos económicos de los bancos y la nación. «Los años veinte fueron en Estados Unidos de crecimiento económico y aumento de la productividad. Lo más significativo es que las ganancias de la productividad fueron a parar al beneficio empresarial (dividendos). Los salarios quedaron detrás de los beneficios empresariales. Estos beneficios tampoco repercutieron sobre los precios. Por lo tanto, se produjo un aumento de los dividendos empresariales que repercutiría sobre la marcha de la Bolsa estadounidense». Aprendamos de los errores cometidos en la historia para no caer en la misma necedad y vernos a mediano plazo en medio de una recesión económica personal por no compartir los dividendos sabiamente con el necesitado y la obra de Dios.

Es importante tener una mentalidad diferente a la que tiene la gran mayoría, en este caso específico en el área financiera, para que podamos tener una estabilidad económica y evitar así problemas dentro del matrimonio y la familia, motivados por el mal manejo de las finanzas al ser manipuladas por la avaricia y desatando el sufrimiento en el seno del hogar, el cual es un indicio de la desvalorización y el rechazo debido a que colocamos el dinero en primer lugar en nuestra vida. Por tal motivo, algunas veces Dios permite que vengan los problemas de carácter económico, para que comprendamos y practiquemos estos principios bíblicos. El Señor dice: «Pero he aquí que yo la atraeré y la llevaré al desierto, y hablaré a su corazón» (Oseas 2:14); esto nos habla de una disciplina en el desierto económico, entre otras cosas, al vernos incapacitados para cumplir con nuestras obligaciones hogareñas y laborales, de modo que aceptemos y practiquemos los principios bíblicos y tengamos como resultado una actitud sabia hacia Dios, la familia, el prójimo y la nación. La exhortación bíblica es la voz que nos orienta: «No te niegues a hacer el bien a quien es debido, cuando tuvieres poder para hacerlo. No digas a tu prójimo; anda, y vuelve, y mañana te daré, cuando tienes contigo qué darle» (Proverbios 3:27-28).

b) La diligencia.

La Biblia dice: «En lo que requiere diligencia, no perezosos» (Romanos 12:11). Cuando el Señor Jesús multiplicó los panes y los peces, mandó a los discípulos a organizar a la multitud en grupos y después repartir los panes y los peces, de forma tal que la bendición de Dios hacia los necesitados se canalizó a través de la diligencia de los discípulos, pues de otra manera las personas no hubieran comido aunque existiese la provisión. Este mismo principio se mantiene hasta el día de hoy. Dios tiene lo necesario para nuestra vida, pero no lo va a canalizar a través de la pereza, sino por medio de la diligencia.

La diligencia significa «apresurarse a hacer algo, esforzarse, procurar, dar solicitud a algo»; nos deja ver que hay una motivación intrínseca que, sin caer en la ansiedad, nos lleva a realizar lo propuesto y no nos permite malgastar el tiempo. Si pudiéramos conocer y aplicar el potencial que la diligencia tiene cuando caminamos por fe en la Palabra de Dios, entraríamos en muchos sentidos en «la tierra prometida». Contemplemos algunas de las bondades intrínsecas de la diligencia:

Es la actitud ejecutiva que activa la producción. «El que labra su tierra se saciará de pan; mas el que sigue a los vagabundos es falto de entendimiento» (Proverbios 12:11). La diligencia representa una vacuna contra la pereza, que es el desprecio disimulado a las oportunidades que Dios nos da. La diligencia también nos ayuda a ser productivos. El escritor A. Plaza dijo: «Obra mucho y cierra el labio, que llega a su fin más pronto con su actividad el tonto, que con su pereza el sabio».

Es una virtud que genera autoridad. «La mano de los diligentes señoreará; mas la negligencia será tributaria» (Proverbios 12:24). La persona diligente está generando autoridad internamente a través de sus frutos o su productividad, la cual será la clave para escalar mayores niveles de responsabilidad laboral o ministerial a causa de la confianza que han generado sus obras, por lo que no necesitará del tráfico de influencias. Jesús dijo: «Por sus frutos los conoceréis» (Mateo 7:16). Todas las cosas que hizo el Señor Jesús le dieron autoridad delante de la nación, de tal manera que las multitudes iban detrás de él sin importar las incomodidades del lugar, el clima y la hora, sino que este fue un resultado que se dio de forma natural.

Es el agente multiplicador de los bienes. «Las riquezas de vanidad disminuirán; pero el que recoge con mano laboriosa las aumenta» (Proverbios 13:11). La condición socioeconómica está determinada en gran parte por nuestra actitud hacia el trabajo, y aquí está presente la ley de la reciprocidad: lo que se siembra es lo que se cosecha. «La mano negligente empobrece; mas la mano de los diligentes enriquece» (Proverbios 10:4).

Es un valor incalculable. «El indolente ni aun asará lo que ha cazado; pero haber precioso del hombre es la diligencia» (Proverbios 12:27). Entre todos los bienes que pueda tener el hombre, uno de los más preciados es hacer las cosas en el tiempo adecuado para maximizar la oportunidad, sacándole provecho a las bondades de Dios.

Es una virtud que genera visionarios. «Los pensamientos del diligente ciertamente tienden a la abundancia; mas todo el que se apresura alocadamente, de cierto va a la pobreza» (Proverbios 21:5). La falta de visión es la cadena que impide que muchos puedan soñar y prosperar, porque la raíz de esta incapacidad se encuentra en el pecado de la negligencia. El que es diligente puede interpretar con más facilidad la voluntad de Dios, planifica y se empapa de motivación para lograr los sueños con la ayuda de Dios. Como dijera Tomás Alva Edison: «Las personas no son recordadas por el número de veces que fracasan, sino por el número de veces que tienen éxito».

Es el catalizador que desarrolla las capacidades del alma. «El alma del perezoso desea, y nada alcanza; mas el alma de los diligentes será prosperada» (Proverbios 13:4). La falta de crecimiento espiritual tiene varias causas, entre ellas la negligencia; pero el que es diligente en la comunión con Dios, la lectura de la Biblia, el servicio en la iglesia y con su prójimo, experimentará un desarrollo sistemático o una madurez espiritual de su alma que le llevará a la satisfacción y la gratitud al Señor.

Debido a que José creyó en el cuidado y la provisión de Dios, esto lo impulsó con diligencia a organizarse, escoger el personal idóneo, construir nuevos graneros y recolectar los excedentes de trigo de cada año. La ventaja que Dios les estaba dando a la nación de Egipto fue aprovechada únicamente porque se dio el paso de fe a través de la diligencia. Si usted renuncia a esta virtud en su vida, llegará a ser solo un espectador de aquellos que pusieron manos a la obra para reclamar las promesas de Dios y fueron prosperados.

c) La honestidad.

Debido a que vivimos en una sociedad tan falta de valores, tan absorbida por el relativismo y el hedonismo, se ha producido la escasez de uno de los valores que lleva a las personas y las naciones al éxito, que es la honestidad, la cual le concede al ser humano un valor incalculable convirtiéndolo en un espécimen a punto de extinción, pero que a la vez es muy necesitada y solicitada por las empresas, sobre todo por la iglesia, ya que constituye una cualidad de las personas en las que se puede confiar y delegar los mayores niveles de responsabilidad para sacar adelante cualquier proyecto sin temor a que internamente se estén socavando los cimientos del progreso del ministerio o la empresa. Esta virtud, en el más estricto sentido de la palabra, se da cuando un cristiano es en verdad espiritual o maduro, porque su vida está crucificada junto con Cristo, viviendo para los intereses de su Señor y por amor a su iglesia y al prójimo. Por tal razón el escritor Pope, al valorizar a una persona honesta, señaló: «El ingenioso no es más que una pluma al viento, el jefe solo una caña, el hombre honesto es la obra más excelsa de Dios».

El significado etimológico de la palabra «honestidad» viene del griego *semnotes*, que significa «gravedad, seriedad dignificada, venerabilidad». La palabra señala a la seriedad de propósito y al autorespeto en la conducta. Esta virtud hace que aquel que la posee sea una persona respetable, venerable, digna, que inspira admiración por su seriedad en el manejo justo y transparente de sus acciones, respetando los límites que la Palabra de Dios le confiere, un motivo por el cual el que posee esta característica es de gran valor o peso, y por lo tanto altamente delegable. José mantuvo esta virtud a lo largo de su vida, y aun cuando estaba en desventaja por encontrarse como esclavo en tierra ajena, mantuvo su honradez, la cual inspiró al capitán de la guardia de Faraón para colocarlo sobre todos sus bienes, llegando a ser después de algunos años el gobernador, el cerebro económico y el administrador de las riquezas de Egipto. Los frutos o resultados de aquellos que poseen esta virtud de la honradez se convierten en la mejor carta de recomendación que un líder, trabajador y servidor de Dios debe tener. Analicemos algunas, de las capacidades que se desarrollan cuando existe la honestidad:

La persona se convierte en un buen administrador. «Pero es necesario que el obispo sea irreprensible ... que gobierne bien su casa, que tenga a sus hijos en sujeción con toda honestidad ... Las mujeres asimismo sean honestas, no calumniadoras, sino sobrias, fieles en todo» (1 Timoteo 3:2,4,11). La autoridad es más subjetiva que objetiva, y se adquiere más por el respaldo de Dios y el carácter que por la posición que se ocupa; además es indispensable para poder llevar a cabo un proyecto con un equipo de trabajo que acepte la visión y la misión con agrado, porque el que dirige es digno de confianza. Una evidencia muy clara de esto es la administración bajo la norma de la honestidad dentro del hogar, y si se fracasa a este nivel, tal cosa es una señal de que no estamos preparados para administrar la obra de Dios o asumir niveles de liderazgo de gran responsabilidad con éxito tanto en una empresa privada como pública.

Es una virtud que produce fidelidad a nuestras convicciones. «Exhorta asimismo a los jóvenes a que sean prudentes; presentándote tú en todo como ejemplo de buenas obras; en la enseñanza mostrando integridad, seriedad» (Tito 2:6-7). Una persona que no es honesta es infiel y traidora en todas sus relaciones humanas y responsabilidades, por lo tanto, se deshabilita para ocupar importantes cargos de responsabilidad, así que no es tomada en cuenta por los demás ni Dios la promueve.

Es un factor estabilizador de los pensamientos. «Por lo demás, hermanos, todo lo que es verdadero, todo lo honesto, todo lo justo, todo lo puro, todo lo amable, todo lo que es de buen nombre; si hay virtud alguna, si algo digno de alabanza, en esto pensad» (Filipenses 4:8). La falta de honestidad es un desestabilizador de los pensamientos, porque no hay paz para el que practica el pecado, sin embargo, para aquel que camina en rectitud y honestidad, esta virtud se convierte en una fuerza gravitacional que ordena los pensamientos conforme a la voluntad de Dios, de ahí la exhortación «en esto pensad». Las personas que son honestas tienen los pensamientos más puros, equilibrados y con mayor nivel de discernimiento, haciendo evaluaciones apegadas a la verdad y ejecutando todos los planes de una manera sabia y prudente, por lo tanto, no pueden ser engañadas con tanta facilidad debido al alto nivel de valores que poseen.

Se acrecienta caminando en santidad. «Andemos como de día, honestamente; no en glotonerías y borracheras, no en lujurias y lascivias, no en contiendas y envidia, sino vestíos del Señor Jesucristo, y no proveáis para los deseos de la carne» (Romanos 13:13-14). La honradez se cultiva cuando decidimos negarnos a nosotros mismos «tomando nuestra cruz» a diario, de lo contrario, al incursionar en una vida pecaminosa se pierde la honradez o el respeto, la venerabilidad, la admiración y por ende la autoridad, sin la cual no podemos ser líderes en el hogar ni en ninguna otra parte, pues hemos sido degradados a soldados rasos por haberle dado espacio al pecado, lo cual es el negocio más tonto en el que una persona puede caer, ya que le hace perder todo por nada.

Le da valor al carácter y genera ganancias. «Procuréis tener tranquilidad, y ocuparos en vuestros negocios, y trabajar con vuestras manos de la manera que os hemos mandado, a fin de que os conduzcáis honradamente para con los de afuera, y no tengáis necesidad de nada» (1 Tesalonicenses

4:11-12). La honradez en la vida de un cristiano es la carta de presentación de sus convicciones y se convierte en un imán para atraer a aquellos que no tienen a Jesús en su corazón, no obstante, la misma también atrae las bendiciones de Dios para que no nos falte lo necesario. Cuando José era joven y administró la casa de Potifar, sus bienes se incrementaron por causa del respaldo de Dios al carácter fiel de José; del mismo modo, los cristianos honestos son entes de bendición y producción. Dios, al ver la honestidad, depositará altos niveles de responsabilidad a través de nuevas oportunidades y mayores recursos financieros, porque él conoce que esto no dañará a las personas honradas y lo administrarán con sabiduría, ya que el corazón de las mismas no está puesto en el dinero, sino en él. Un ejemplo de esto es lo sucedido con Salomón, que no le pidió riquezas ni poder, sino sabiduría para administrar con responsabilidad lo que se le había delegado, y aunque le fue concedida su petición, Dios también le dio riquezas y fama, porque el propósito de Salomón de honrar a Dios le dio un corazón equilibrado y con dominio propio, otorgándole valor a su carácter y haciéndolo digno de confianza y admiración, es decir, honesto.

d) La autoridad espiritual.

En el desarrollo de cualquier proyecto es indispensable tener autoridad, un elemento fundamental con el que contó José para poder sacar a la nación de Egipto de uno de los momentos más críticos en su historia. La autoridad ha sido mal entendida y se ha visto como autoritarismo, por lo que al ser ejercida ha provocado la desintegración en el equipo de trabajo y el fracaso en la ejecución del proyecto, provocando un lastre de dolor en los sectores involucrados. La autoridad es indispensable para generar altos niveles de confianza en todos aquellos que participan en el desarrollo de una visión, obteniendo de esta forma el apoyo y la colaboración de todo el equipo de trabajo con el fin de garantizar el éxito de lo propuesto.

En cierta oportunidad una maestra le pidió a uno de sus alumnos que se sentara, este le desobedeció una y otra vez, la maestra insistió en decirle que se sentara, pero el niño no lo hizo. En su desesperación, la maestra lo sentó a la fuerza, pero al momento el niño pidió la palabra levantando la mano, así que la maestra le dijo: «¿Qué quieres decir?» Él respondió: «Maestra, quiero decirle que por fuera estoy sentado, pero por dentro estoy parado». Este es un simpático ejemplo del mal uso de la autoridad, que hace que las personas internamente estén insatisfechas aunque debido a la necesidad continúen donde están, lo que da como resultado la mediocridad. ¿Cuántas esposas e hijos se mantienen en sus casas por necesidad y no por amor a la autoridad del hogar, la cual se ha perdido por el mal testimonio o por un concepto erróneo en el ejercicio de la misma? ¿En cuántas empresas, iglesias y ministerios las personas permanecen a causa de su responsabilidad, pero con una escasez de motivación por la falta de interés hacia el personal de aquellos que están en autoridad? El autoritarismo es uno de «los viejos odres» que tiene que ser desechado, pues ha sido la cuna del fracaso de las más grandes oportunidades; sin embargo, el que sabe ejercer la autoridad tendrá mayor influencia y el respaldo de la familia, las personas que le rodean, el equipo de trabajo y todo un pueblo para cumplir con la misión encomendada. La autoridad es más subjetiva que objetiva, y aquellas personas que creen que la posición que ocupan les concede los mayores niveles de autoridad están equivocadas. Es el carácter de la persona o el peso de lo que se es lo que le proporciona una mayor cuota de autoridad, pues se afirma que el 10% de la autoridad se adquiere por la posición, y el 90% por el carácter. Muchas personas han perdido la oportunidad de ser promovidas a mayores niveles de autoridad en su trabajo por falta de autoridad. Dueños de empresas perdieron la oportunidad de ser más productivos. Familias enteras han sido desintegradas por la falta de responsabilidad en el liderazgo de los padres, privándoles de la solvencia moral para dirigir su hogar. Si deseamos enfrentar una crisis económica que amenaza la estabilidad familiar, empresarial y productiva de una nación, es indispensable que tengamos una verdadera autoridad para tomar las medidas pertinentes y obtener de manera espontánea la cooperación de los demás, desarrollando así la visión y la misión propuestas, lo cual nos dará un mayor discernimiento para reconocer nuestras fallas y renunciar a algunos paradigmas de fracaso, dando lugar a los principios de la Palabra de Dios, que son los únicos en verdad seguros. Y cuando hablamos de «autoridad espiritual», esto tiene una connotación de mayor trascendencia para mejores resultados, porque la fuente de la misma es Dios. Para poder entender mejor este concepto necesitamos aclarar algunos aspectos:

(1) Significado de autoridad. La palabra griega que se traduce como autoridad es *exousia*, que etimológicamente significa «el poder de regir o gobernar, el derecho de usar el poder». La misma nos habla de una investidura y una oportunidad privilegiada de alta responsabilidad para presidir a un grupo y llevar a cabo una buena administración de lo que se nos ha delegado, bien sea en el matrimonio, la familia, el negocio, la empresa, la iglesia y la nación. Por eso entre algunas definiciones de autoridad encontramos esta: «La autoridad es aquello que tienes en determinado momento que hace que alguien haga lo que tú quieres que haga en ese momento». Esto indica que la autoridad tiene un componente muy fuerte en lo que «es» una persona, y no tanto en lo que hace o en la posición que ocupa; y cuando un buen líder tiene autoridad, *le confiere el derecho* de dirigir a las personas para que desarrollen con éxito el proyecto.

Winston Churchill dijo: «El líder es aquel que logra que otras personas hagan lo que no les gusta hacer, pero que lo hagan con agrado». Para alcanzar tal objetivo es indispensable tener autoridad sobre los demás, porque la misma produce un convencimiento, cierta autonegación y la motivación para involucrarse en el proyecto y enfrentar cualquier desafío. El general Norman Schwarkkopf, comandante de la operación «Tormenta en el desierto» en Irak, convencido de que la autoridad es más subjetiva que objetiva, indicó: «El liderazgo es una combinación de estrategia y carácter. Pero si hay que prescindir de alguno, que sea de la estrategia».

(2) Principios que sustentan la autoridad espiritual.

El respaldo de Dios o la unción. Después de la muerte del gran líder Moisés se estableció un reto muy grande para aquella persona que tenía que substituirlo. Dios escogió a Josué para que fuera el nuevo líder que llevaría a la nación de Israel hasta la tierra prometida; sin embargo, cuando él fue presentado ante el pueblo, este le comunicó la voluntad de ser obediente a su liderazgo, pero con una condición: que tuviera «el respaldo de Dios». Es decir, que la autoridad espiritual de Moisés sería la medida de autoridad que tendría que mostrar Josué: «De la manera que obedecimos a Moisés en todas las cosas, así te obedeceremos a ti; solamente que Jehová tu Dios esté contigo, como estuvo con Moisés» (Josué 1:17). El pueblo colocó las bases para la obediencia y la aceptación del liderazgo de Josué, el cual no estaba basado tanto en la posición, sino en la autoridad espiritual. Esta es la misma petición que hace una esposa, los hijos, la iglesia, los trabajadores y toda una nación, pues desean poseer las bendiciones y oportunidades que Dios les da, para lo cual necesitan que alguien los dirija con la sabiduría y el respaldo divino de manera que se obtengan resultados concretos. ¿Está usted totalmente convencido de que goza de la presencia, el respaldo o la unción de Dios, que lo acredita y le garantiza los recursos divinos para derribar a cualquier gigante y poseer las promesas divinas? Para que la autoridad espiritual sea una realidad, son necesarios varios requisitos: en primer lugar, «nacer de nuevo» o haber experimentado el milagro de la salvación por medio de la fe en la obra expiatoria de Cristo en la cruz del Calvario; en segundo lugar, andar en obediencia o santidad; en tercer lugar, empaparse de la Palabra de Dios; en cuarto lugar, tener una vida de oración; en quinto lugar, llevar una vida centrada en Cristo; en sexto lugar, ser llenos del Espíritu Santo; y en séptimo lugar, servir a Dios con todo el corazón y amar al prójimo.

El testimonio. Hay un dicho popular que dice: «Un hecho pesa más que mil palabras». Esto es muy cierto, y todo el mundo está esperando ver para creer, pues ya está cansado de tanta hipocresía y mentira que han agudizado los males en todas las áreas de la vida, lo cual se ha convertido en el factor que desvaloriza la autoridad. No obstante, los hechos o testimonios genuinos generan confianza y como consecuencia autoridad. El apóstol Pablo, escribiéndole a su discípulo Timoteo que era un joven líder, le aconseja que no descuide su testimonio: «Ninguno tenga en poco tu juventud, sino sé ejemplo de los creyentes en palabra, conducta, amor, espíritu, fe y pureza» (1 Timoteo 4:12). Cuando mi hija tenía dos años de edad, fui a comprar un pastel para celebrar su cumpleaños, y mientras estaba siendo atendido escuché un grito insultante de un hombre detrás de mí que le decía a un joven: «No quiero que vengas borracho, y te espero a más tardar a las diez de la noche». Cuando miré hacia atrás para ver quién gritaba de esa manera, me di cuenta de que era el dueño de la panadería y padre del joven al que insultaba, el cual estaba borracho y tenía una copa de licor en la mano. Entonces pensé: ¿Cómo espera este padre que su hijo le haga caso y no ingiera licor cuando él le está dando un mal testimonio al ser alcohólico? No hay peor cosa que hacer el ridículo al tratar de ejercer la autoridad cuando no la tenemos debido a nuestro mal testimonio; el resultado será que los demás no harán caso de nuestras indicaciones, y al ver la falta de obediencia, acudiremos a las amenazas, que es la medida desesperada del autoritarismo.

William Onckens, hablando sobre la autoridad que genera el carácter de la persona, señaló: «El testimonio indica la cantidad de crédito que tienes para otra persona en cuanto a integridad, obviamente lograrás una mejor acción de un hombre que respete tu carácter que de uno que no lo respete».

El amor o interés sincero. El apóstol Pablo consiguió experimentar de un modo tan profundo el amor de Dios sobre su vida que un día llegó a decir: «El amor de Cristo nos constriñe» (2 Corintios 5:14). Él estaba experimentando que el amor de Dios era tan abundante en su vida que lo había hecho dócil, y lo único que deseaba era complacer al Señor a causa de su amor y gratitud. La Biblia dice: «Nosotros le amamos a él, porque él nos amó primero» (1 Juan 4:19). Dios es amor, por eso tiene tanta autoridad entre otras características o atributos, y conociendo él la autoridad que genera el amor, determinó que este sería el distintivo de sus discípulos: «Un mandamiento nuevo os doy: Que os améis unos a otros; como yo os he amado, que también os améis unos a otros. En esto conocerán todos que sois mis discípulos, si tuviereis amor los unos con los otros» (Juan 13:34-35).

El amor nos impulsará a procurar el bienestar de los demás, concediéndole una cuota de autoridad a aquel que ama; y aunque ese no sea el propósito, intrínsecamente estamos acumulando «millas» de autoridad que podrán utilizarse para obtener el respaldo de las personas a la hora de llevar a cabo el proyecto, utilizando los dividendos obtenidos para la bendición de otros. El amor procura el bienestar de los demás interesándose en el individuo más que en lo que hace, y esta sinceridad por las necesidades del prójimo hará que tengamos personas más responsables y fieles, aunque existen sus excepciones. Feinber, opinando sobre la importancia de poder animar a los trabajadores y ser más productivos, afirmó: «La mejor manera de motivar a un subordinado consiste en demostrarle que uno está consciente de sus necesidades, ambiciones, temores y de él mismo como individuo». William Onckens, al opinar sobre la importancia del amor sincero como factor motivador, dijo: «Mientras más fácil sea para el otro individuo hablarte, oírte o trabajar contigo, tanto más fácil le será responder a tus deseos».

Es indiscutible que la autoridad espiritual es de vital importancia para el desarrollo de cualquier proyecto personal, familiar, empresarial y eclesiástico, y todo buen proyecto generará rentabilidad; sin embargo, si seguimos usando el «granero viejo» del autoritarismo, se generarán pérdidas.

e) El contentamiento o la satisfacción.

Existe una diferencia entre lo que es el contentamiento y el conformismo. El contentamiento tiene su fundamento en la gratitud a Dios por lo que él nos ha dado, alimentando un espíritu de conquista y expectativa para honrar a Dios. Por otra parte, el conformismo se alimenta del pecado de la negligencia debido a la ingratitud y nos roba la visión de progresar, enterrando el talento que Dios nos ha dado por el egoísmo férreo y la displicencia a la hora de honrar a Dios. Esta clase de persona no es candidata a administrar los recursos financieros que Dios le pueda dar debido a su incapacidad espiritual y emocional. Cervantes dijo: «La ingratitud es hija de la soberbia». De modo contrario, el que está agradecido y satisfecho por lo que tiene refleja un corazón equilibrado, humilde y ecuánime, siendo alguien al que se le puede encomendar el cuidado y la administración de los recursos económicos. En algunas ocasiones Dios detiene su bendición financiera porque la misma nos dañaría al no interpretar de la forma correcta el propósito de su bendición, acentuando la ingratitud y el inconformismo porque no estamos agradecidos con lo que tenemos, y dándole espacio a la codicia y la envidia por la mala condición del corazón. La Biblia afirma: «Pero gran ganancia es la piedad acompañada de *contentamiento*; porque nada hemos traído a este mundo, y sin duda nada podremos sacar. Así que, teniendo sustento y abrigo, *estemos contentos* con esto» (1 Timoteo 6:6-8). Analicemos algunos aspectos importantes del contentamiento para que nosotros mismos no le pongamos tropiezo a la bendición financiera que Dios quiere darnos:

(1) Su significado. El contentamiento significa «satisfacción con lo que uno tiene». La persona agradecida es aquella que está contenta porque tiene lo suficiente o lo necesario. Esta actitud es una vacuna contra el robo, la envidia, la codicia, el soborno y la avaricia, ya que el corazón de tal individuo está en Dios y no en las cosas, y esto le permitirá ser más objetivo en la administración de los recursos económicos. El novelista y periodista inglés Daniel Defoe señaló: «Todo nuestro descontento por aquello de lo que carecemos procede de nuestra falta de gratitud por lo que tenemos».

(2) Es una actitud que debe desarrollarse. En la vida encontramos altos y bajos en la parte financiera, por lo que la actitud del contentamiento es necesaria para desarrollar nuestro carácter. En cuanto a esto en específico el apóstol Pablo testificó que él tuvo que desarrollar o aprender el arte de estar contento cuando había un superávit o una recesión económica personal, para que de este modo el carácter no fluctuara al ritmo de la variación económica, reconociendo que era el Señor el que le había dado esta capacidad de superar la fluctuación. «En gran manera me gocé en el Señor de que ya al fin habéis revivido vuestro cuidado de mí; de lo cual también estabais solícitos, pero os faltaba la oportunidad. No lo digo porque tenga escasez, pues *he aprendido a contentarme*, cualquiera que sea mi situación. Sé vivir humildemente, y sé tener abundancia; en todo y por todo estoy enseñado, así para estar saciado como para tener hambre, así para tener abundancia como para padecer necesidad. Todo lo puedo en Cristo que me fortalece» (Filipenses 4:10-13). La clave para desarrollar esta virtud es mantener «la gratitud o la acción de gracias» de forma continua en cualquier circunstancia de la vida; sin embargo, la persona que tiene un corazón insatisfecho, sin importar la escasez o la sobreabundancia, no disfrutará de lo que tiene, siendo la queja, la maledicencia y la insatisfacción su pan diario porque considera que su análisis es el correcto. Al respecto, Jacinto Benavente dijo: «Lo peor de la ingratitud es que siempre quiere tener la razón». Analicemos lo que es la acción de gracias y cómo desarrolla el contentamiento o la satisfacción.

La acción de gracias es una expresión espontánea de reconocimiento del amor y el cuidado de Dios sobre nuestra vida. La Biblia dice que Dios habita en medio de las alabanzas de su pueblo, es decir, donde se reconoce la bondad de Dios alegremente por medio de una expresión verbal, él se manifiesta. ¿Desea que Dios se manifieste en cada circunstancia de su vida o que Satanás lo haga? Todo dependerá de la actitud o la reacción ante las distintas situaciones de la vida, ya sea por medio de la acción de gracias, la queja o la murmuración. La gratitud cambia el panorama de desventaja en una gran oportunidad, y esto solo lo puede ver el que ha aprendido a contentarse cualquiera sea su situación al tener la acción de gracias a flor de labios. Veamos el ejemplo del Señor Jesucristo ante la necesidad de alimento de la multitud de personas que le había seguido, en la ocasión en que uno de sus discípulos le llevó dos pececillos y cinco panes de cebada que tenía un muchacho, el cual lo más seguro es que fuera pobre, pues el pan de cebada era el más barato. Cuando se hace una comparación entre la magnitud de la necesidad y la escasez de los recursos, la lógica del balance económico y el presupuesto me dice que es imposible responder a la necesidad, y cuando no somos agradecidos por los pocos recursos económicos, nos estamos condenando a vivir en la queja y la escasez financiera por no reconocer la bondad de Dios en esos dos pececillos y cinco panes. Sin embargo, la actitud de acción de gracias del Señor Jesús ante los pocos recursos fue la clave de la multiplicación de los panes y los peces para satisfacer las necesidades de la multitud. «Y tomó Jesús aquellos panes, y *habiendo dado gracias*, los repartió entre los discípulos, y los discípulos entre los que estaban recostados; asimismo de los peces, cuanto querían. Y cuando se hubieron saciado, dijo a sus discípulos: Recoged los pedazos que sobraron, para que no se pierda nada. Recogieron, pues, y llenaron doce cestas de pedazos, que de los cinco panes de cebada sobraron a los que habían comido» (Juan 6:11-13). La razón de esto es que la acción de gracias provee el ambiente espiritual de reconocimiento o alabanza a Dios para que ocurra un milagro. ¿Qué deseas, un milagro o la frustración? Es nuestra actitud de gratitud o ingratitud la que acerca o aleja el poder de Dios. Por lo tanto, podemos entender mejor la importancia del contentamiento o la satisfacción con lo poco o lo mucho que se tiene, ya que las necesidades imprevistas en el camino de la vida prueban dos cosas: nuestra convicción en cuanto a Cristo y el fundamento donde estamos parados. Es por eso que son necesarios los momentos de escasez y los enormes desafíos, porque nos ayudan a descubrir y rectificar estos dos factores; sin embargo, la ingratitud nubla la fe, pues nos hace creer que es imposible vencer los desafíos y nos damos por vencidos antes de luchar. Analicemos algunas bendiciones que produce la acción de gracias cuando nos enfrentamos a una necesidad que desafía los recursos y la lógica.

Produce descanso sin ver la provisión. «Entonces Jesús dijo: Haced recostar la gente. Y había mucha hierba en aquel lugar; y se recostaron como en número de cinco mil varones» (Juan 6:10). En todo momento el Señor mostró paz y control, influyendo en los discípulos y la multitud, pues este es el ambiente donde todos quieren estar. El apóstol Pablo, encontrándose en la cárcel, disfrutó de esa experiencia espiritual y le escribe a la iglesia de Filipos: «Por nada estéis afanosos, sino sean conocidas vuestras peticiones delante de Dios en toda oración y ruego, con acción de gracias. Y la paz de Dios, que sobrepasa todo entendimiento, guardará vuestros corazones y vuestros pensamientos en Cristo Jesús» (Filipenses 4:6-7).

Produce una expresión verbal de exaltación a Dios por lo que tenemos y tendremos. «Y tomó Jesús aquellos panes, y habiendo dado gracias, los repartió entre los discípulos, y los discípulos entre los que estaban recostados; asimismo de los peces, cuanto querían» (Juan 6:11). La Biblia dice que «la muerte y la vida están en poder de la lengua» (Proverbios 18:21), que es la que determina cuál será nuestra condición, porque ella expresa la fe o la incredulidad, revelando así el fundamento sobre el que estamos parados. Por eso el Señor Jesús afirmó: «De la abundancia del corazón habla la boca» (Mateo 12:34). La expresión de acción de gracias revela la confianza y el contentamiento en Dios que hace que su omnipresencia se manifieste en medio de la necesidad de una forma milagrosa.

(3) Se efectúa una multiplicación milagrosa en las manos agradecidas porque atraen el poder de Dios. «Y tomó Jesús aquellos panes, y habiendo dado gracias, *los repartió entre los discípulos*» (Juan 6:11). La multiplicación ha sido desde el principio de la creación el plan de Dios, y esto lo podemos ver en la naturaleza, el género humano, el desarrollo de la iglesia, así como en muchos otros aspectos. La gratitud es la antesala de la generación de los recursos necesarios o multiplicación, y sin esta actitud sabia, el poder de Dios se detiene para bendecirnos y nos desprotegemos y venimos a ser vulnerables a los parásitos que minan la economía, y se repite la experiencia del pueblo de Israel que cuando murmuraban por causa de su ingratitud, eran atacados por las serpientes. El Señor Jesús no renegó, ni se enojó al tener en sus manos unos pececillos y unos panes que representaban menos del 0.001% de capital para satisfacer la necesidad de la multitud, pero la acción de gracias fue la puerta de esperanza al milagro de la multiplicación de los recursos. ¿Cuál ha sido su actitud cuando tiene un desafío económico que supera sus recursos financieros? ¿Se ha puesto a pensar alguna vez que probablemente su inconformidad, queja y enojo sea el obstáculo para que Dios multiplique lo que tiene en sus manos? ¿Qué clase de manos son las que sostienen lo que posee, de gratitud o ingratitud? Sin embargo, el problema es que no le hemos puesto atención a cómo llevar a cabo la multiplicación en todas las áreas de la vida... y una de ellas es la de ser agradecidos con Dios, pues él se encargará de hacer lo que nosotros no podemos hacer.

(4) Comparte lo recibido por Dios. «Los repartió entre los discípulos, *y los discípulos entre los que estaban recostados*; asimismo de los peces, cuanto querían» (Juan 6:11). Una persona agradecida no es mezquina ni egoísta, pues comparte de lo recibido para suplir las necesidades de otros, experimentando un desarrollo en la fe y la satisfacción de ser un instrumento en las manos de Dios para la bendición de las personas, todo esto porque aprendió a ser agradecida.

(5) Produce excedentes para guardarlos de modo estratégico. «Y cuando se hubieron saciado, dijo a sus discípulos:

Recoged los pedazos que sobraron, para que no se pierda nada. *Recogieron, pues, y llenaron doce cestas de pedazos, que de los cinco panes de cebada sobraron a los que habían comido»* (Juan 6:12-13). De manera habitual, lo que Dios da es tan sobreabundante como para satisfacer las necesidades presentes y guardar el excedente para cuando se presenten otras necesidades. La incredulidad de los discípulos fue puesta por completo en ridículo al ser partícipes de este milagro... y para poner un sello que les recordara que es mejor la acción de gracias que la incredulidad, sobraron doce cestas. ¿Serían ellas un regalo del Señor para cada uno de los apóstoles?

Estoy convencido de que si aprendemos a ser agradecidos con los ingresos y recursos que tenemos en nuestras manos, aunque sean insuficientes para enfrentar una bancarrota económica a nivel global, Dios se encargará en forma sorpresiva de proveernos para nuestras necesidades y aun más allá de ellas, fomentado así el ahorro para satisfacer las necesidades del futuro.

(6) Nos lleva a reconocer y adorar a Dios por su misericordia. «Aquellos hombres entonces, viendo la señal que Jesús había hecho, dijeron: Este verdaderamente es el profeta que había de venir al mundo. Pero entendiendo Jesús que iban a venir para apoderarse de él y hacerle rey, volvió a retirarse al monte él solo» (Juan 6:14-15). La fe en Dios se acrecienta al ver su operación milagrosa, la cual lleva a todos aquellos que hemos sido beneficiarios de sus misericordias a adorarle y colocarle en el centro del corazón, desplazando así la centralización del humanismo y toda idea religiosa y filosofía falsa, porque nuestras obras testifican a quién pertenecemos. Y la adoración al Rey de reyes nos conducirá a la experiencia más sublime que un ser humano pueda experimentar.

Si esta mañana despertaste con salud, eres más dichoso que millones de personas que morirán esta semana. Si no sabes lo que es el peligro de la batalla, la soledad de la cárcel o el dolor de morirse de hambre, llevas ventaja sobre más de novecientos millones de personas.

Si tienes comida en el refrigerador, ropa que ponerte, un techo y una cama, eres más rico que el 75% de los habitantes del planeta.

Si tienes dinero en el banco y en la billetera, y te devuelven unas monedas al pagar, te cuentas entre el 8% de los pudientes.

Si lees este texto, eres más dichoso que más de dos mil millones de personas que no saben leer.

Si vas con la cara bien alta, sonríes y te sientes en verdad agradecido, eres más dichoso que la mayoría, puesto que la mayoría podría hacerlo, pero no lo hace.

> Gratitud es lo que sentimos cuando nos hacen un bien. Dar las gracias es el impulso natural de exteriorizar ese sentimiento.
>
> *Henry Van Dyke (1852-1933)*

KATHLEEN NORRIS (GUIDEPOSTS ONLINE)

«Dad gracias en todo, porque ésta es la voluntad de Dios para con vosotros en Cristo Jesús» (1 Tesalonicenses 5:18). Dios nos exhorta por medio de su Palabra a dar gracias para que el contentamiento o la satisfacción no dependan de las circunstancias sino de él, siendo constantes y ecuánimes y permitiendo que la soberanía y la providencia divinas actúen en nuestra vida; para ello es necesario atender a su Palabra «dando siempre gracias por todo al Dios y Padre en el nombre de nuestro Señor Jesucristo» (Efesios 5:20).

La mejor forma de enfrentar una crisis financiera en el ámbito internacional, la cual indudablemente golpeará la economía familiar, es teniendo contentamiento, porque esto no le permitirá caer en las garras de la ansiedad y la desesperación, ni tampoco tomar decisiones equivocadas. Más bien, le dará la oportunidad para que por medio de la guía del Espíritu y su sabiduría se nos brinden las estrategias adecuadas para poder enfrentar las necesidades en un ambiente de paz y gozo. Por este motivo Pablo decía: «Gran ganancia es la piedad acompañada de contentamiento» (1 Timoteo 6:6).

Hemos visto algunos de los muchos principios o valores de la Palabra de Dios que nos permiten construir los «graneros» adecuados para recibir y mantener la bendición económica que Dios desea enviarnos, de modo que podamos enfrentar las necesidades presentes y futuras. Está en nuestras manos aceptarlos o rechazarlos, y de esta manera estaremos determinando nuestro éxito o fracaso.

CAPÍTULO SIETE
HONRAR A DIOS Y SU VISIÓN
Génesis 41:37-44

El asunto pareció bien a Faraón y a sus siervos, y dijo Faraón a sus siervos: ¿Acaso hallaremos a otro hombre como éste, en quien esté el espíritu de Dios? Y dijo Faraón a José: Pues que Dios te ha hecho saber todo esto, no hay entendido ni sabio como tú. Tú estarás sobre mi casa, y por tu palabra se gobernará todo mi pueblo; solamente en el trono seré yo mayor que tú. Dijo además Faraón a José: He aquí yo te he puesto sobre toda la tierra de Egipto. Entonces Faraón quitó su anillo de su mano, y lo puso en la mano de José, y lo hizo vestir de ropas de lino finísimo, y puso un collar de oro en su cuello; y lo hizo subir en su segundo carro, y pregonaron delante de él: ¡Doblad la rodilla!; y lo puso sobre toda la tierra de Egipto. Y dijo Faraón a José: Yo soy Faraón; y sin ti ninguno alzará su mano ni su pie en toda la tierra de Egipto.

Es muy importante comprender la visión y la misión de Dios para esta tierra: *la salvación de los hombres*. La preservación de la nación de Egipto y las naciones vecinas en forma soberana y providencial por parte de Dios a través de José es una clara imagen en el Antiguo Testamento del proyecto o el plan de salvación de Dios en Cristo Jesús para todas las naciones de la tierra, de modo que podamos ser preservados de la muerte eterna, la cual es mucho más grave que la amenaza de la muerte física en los tiempos de José. El proyecto por excelencia en el cual la iglesia y cada cristiano tienen que estar involucrado consiste en ser instrumentos para llevar las buenas nuevas de la salvación. ¿Está usted involucrado a través de sus finanzas, el discipulado, la oración y el servicio en extender la visión de Dios por medio de la predicación del evangelio del Señor Jesucristo? ¿Obedece la visión primaria de su vida, por el contrario, a las cosas temporales de este mundo? La estrategia que Dios le reveló a José fue almacenar el 20% de la cosecha anual durante los siete años de abundancia para tener lo suficiente mientras transcurrían los siete años de escasez, lo cual obedecía al plan de Dios para liberar a las naciones de la muerte. Génesis 41:35 señala: «Y junten toda la provisión de estos buenos años que vienen, y recojan el trigo bajo la mano de Faraón para mantenimiento de las ciudades; y guárdenlo». Cuando empezamos a ser bendecidos por Dios a causa de la salvación en Cristo Jesús, todos sus beneficios de carácter espiritual, familiar, educativo, profesional y económico tienen que estar orientados hacia la visión central de Dios para la humanidad, y no a una visión carnal o egoísta de esta tierra. Es aquí donde muchos impiden la bendición de Dios, ya que no entienden el propósito de la prosperidad que Dios les ha concedido en el área financiera, por lo que pueden echar a perder la oportunidad que Dios les dio al entregarles esos recursos, desviándose del propósito principal por el cual Dios se los proporcionó. Hágase una pregunta pensando en el futuro. ¿Cuál es el propósito central por el cual quiere que Dios lo bendiga financieramente en los próximos años? Si su respuesta contradice la visión de Dios, usted ya cortó la línea de abastecimiento económico proveniente del Señor para su vida y su familia. José comprendió perfectamente que los años de abundancia y el almacenamiento del trigo tenían que obedecer al plan revelado por Dios; hoy en día es lo mismo, la preservación o salvación de las almas a través del sacrificio expiatorio de Jesucristo en la cruz del Calvario tiene que ser conocido por medio de la predicación del evangelio, comenzando en nuestro país y hasta los confines de la tierra. No obstante, para que esto sea posible se necesita enviar misioneros, levantar iglesias, establecer pastores y maestros, evangelistas y predicadores, de modo que desarrollen todo el quehacer de la iglesia. Y al orientar nuestra vida, talentos, familia, trabajo y finanzas hacia este objetivo, tal acción no será un gasto, sino la mejor inversión, ya que lo estamos haciendo dentro de la visión de Dios que trasciende hasta la eternidad y está destinada al éxito, por lo tanto, no debemos temer el invertir nuestra vida en este proyecto divino, que es la base del progreso personal, familiar, de la iglesia y la nación. Hay muchos movimientos de carácter político, filosófico y religioso que han capturado la mente de las masas y estas han caído en el error, al punto de que han dado sus recursos financieros e incluso su propia vida. ¡Cuánto más aquellos que creemos que Jesús es la única verdad absoluta para la salvación y la preservación de la condenación eterna debemos entregar todo para su gloria y su honra!

La bancarrota económica en el ámbito internacional que se vislumbra en el horizonte va a sacudir todas las bolsas de valores de las distintas naciones, mientras que el pánico, la confusión, el caos y la depresión tomarán por sorpresa a miles de personas, sin embargo, aquel que ha confiado en el Señor Jesús y le ha entregado su economía, aprenderá a descansar en que Dios es su proveedor. La institución más importante a través de toda la historia es la iglesia de Cristo Jesús, y estamos hablando de los «nacidos de nuevo» (véase Juan 3:3), los que han sido lavados con la sangre del Cordero de Dios, pues la iglesia es la que comunica el mensaje de vida eterna, siendo posible afirmar que esta misión «es el programa del gobierno de Dios en esta tierra, el cual no es solo para este tiempo, sino para toda la eternidad». De esta manera estamos viendo que nuestra inversión va más allá de lo que el mundo puede ver, invertir en el reino de Dios es sencillamente *colaborar para que las personas pasen «de muerte a vida» y elevar los valores morales que necesita toda sociedad para poder progresar*, orientándonos hacia cambios profundos en cada individuo, la restauración de la familia, el fomento de la educación, la formación de mejores trabajadores y ciudadanos, elementos que constituyen algunos de los resultados de la regeneración o transformación que Dios hace en el corazón de los hombres. El recurso humano, moldeado por la mano de Dios, es el valor o recurso más importante con que cuenta una empresa y nación para ser productiva.

Cuando hablamos de santidad, estamos básicamente aceptando dos aspectos intrínsecos por su significado etimológico: «apartado de» y «dedicado a». Cuando fuimos salvos, Dios *nos apartó del mundo pecaminoso y nos dedicó a su servicio*; esto incluye todo lo que el Señor nos ha dado, aun en el área de las finanzas, para no transitar por caminos fraudulentos o hacer uso de valores corruptos en el manejo financiero tales como la mentira, el robo, la estafa y el soborno. En lugar de eso, él nos aparta o dedica para tener una nueva manera de ver la vida, el trabajo, la familia, los recursos económicos y su manejo bajo los valores éticos, pues le pertenecemos. Dios ha establecido dos sistemas financieros que santifican nuestra economía debido a que están orientados a honrarle, estos son los diezmos y las ofrendas.

a) Darle honra a Dios por medio de los diezmos.

Al recibir la provisión financiera por medio del trabajo, nuestra responsabilidad es dar los diezmos con el propósito de que la visión de Dios o la salvación de las almas se propague desde nuestra comunidad hasta lo último de la tierra, y al santificar nuestra economía o dedicarla a Dios de esta manera, estamos permitiendo que él tome el control sobre los bienes. Ante una amenaza de carácter económico, con algunas repercusiones en otras áreas de la vida, qué mejor decisión que consagrar nuestra vida y nuestras finanzas a Dios, pues es el mejor administrador y protector de nuestros bienes. Consideremos algunos aspectos muy importantes sobre las leyes económicas de los diezmos y las ofrendas como un acto de reconocimiento y consagración de los bienes a Dios para ser prosperados:

(1) ¿Qué significan los diezmos? La palabra griega que se traduce como diezmo es *dekate*, que significa «una décima parte de, una porción», la cual en hebreo tiene la misma connotación. Ahora bien, hay algo muy interesante, y es que el número diez en la Biblia representa el estar completo, implica una idea de totalidad, pues encierra las diez cifras: de uno a cero. Así que dar el diezmo es una *representación de la totalidad* de lo que Dios nos ha dado; él nos pide el diezmo porque el mismo simboliza todo lo que nos ha entregado por medio del trabajo o los regalos, para que todos los bienes que recibo cada día sean consagrados de continuo. De este modo, al dar los diezmos estoy diciendo: «Señor, reconozco que tú me has dado todo, y lo consagro en su totalidad a través de los diezmos». En el Antiguo Testamento, el sumo sacerdote levantaba la primera gavilla o primicia de trigo que maduraba, esta era levantada y mecida como un acto de fe y consagración a Dios de toda la cosecha que iba a venir; y el día de Pentecostés o de la cosecha, todo el pueblo traía los diezmos de todos los granos y otros bienes. El otorgamiento anticipado de las primicias y la entrega de los diezmos después de la cosecha estaban representando la totalidad de los bienes que Dios les había dado, los cuales les estaban consagrando en gratitud. De igual manera hoy en día, cuando damos los diezmos, estamos dedicando la totalidad de los bienes que recibimos de continuo. Por eso podemos decir que los diezmos son la décima parte de los ingresos o ganancias que una persona recibe, consagrados para el desarrollo de «la visión de Dios» de llevar el evangelio a todas las naciones y el sostenimiento del desarrollo de la iglesia donde nos congregamos, de modo que se convierta en una plataforma de alcance nacional e internacional.

(2) ¿De quién son los diezmos? En Levítico 27:30 se nos indica: «El diezmo de la tierra, así de la simiente de la tierra como del fruto de los árboles, de Jehová *es*; es cosa dedicada a Jehová». Está claro que los diezmos le pertenecen a Dios, por lo cual tienen que ser dedicados, entregados o devueltos a él, pues no son nuestros. Muchas veces decimos: «Ahora voy a dar mis diezmos». ¿Y quién le dijo que eran suyos? Por eso el no darlos es «robar» y atrae la maldición. La nación de Israel, a causa de su desobediencia, había caído en el pecado de robarle a Dios al no dar los diezmos y las ofrendas, por lo que en Malaquías 3:6-9 el Señor les dice: «Porque yo Jehová no cambio; por esto, hijos de Jacob, no habéis sido consumidos. Desde los días de vuestros padres os habéis apartado de mis leyes, y no las guardasteis. Volveos a mí, y yo me volveré a vosotros, ha dicho Jehová de los ejércitos. Mas dijisteis: ¿En qué hemos de volvernos? ¿Robará el hombre a Dios? Pues vosotros me habéis robado. Y dijisteis: ¿En qué te hemos robado? En vuestros diezmos y ofrendas. Malditos sois con maldición, porque vosotros, la nación toda, me habéis robado».

El Señor nos hace una pregunta sorprendente: ¿Robará el hombre a Dios? La respuesta es sí, al no hacer la devolución de lo que está consagrado o dedicado a la extensión de su reino y ocupar estos bienes en otras necesidades, lo cual significa «desviación de fondos». ¿Está penado por la ley de nuestro país este abuso financiero? Por supuesto, al igual que en el caso del que está delinquiendo al quedarse con lo que no le pertenece, y el castigo por este delito es la maldición: «Malditos sois con maldición, porque vosotros, la nación toda, me habéis robado». La palabra maldición implica «una declaración de juicio sobre los que quebrantan el pacto» o «anatemizar», que quiere decir «consagrar a destrucción». Desde el momento en que alguien roba, existe una declaración de juicio sobre su vida y los bienes que tiene, por eso la Palabra de Dios nos advierte de estas consecuencias, y para no incurrir en ellas, tenemos que obedecer sus principios, los cuales no podemos comprender desde un punto de vista lógico por una falta de conocimiento de la relación entre la parte espiritual y la física. Así como en las enfermedades sicosomáticas las causas están en el alma pero se reflejan en el cuerpo, de igual manera la economía se «enferma» cuando tiene lugar un robo o la falta de devolución de los diezmos, porque el mundo espiritual atrae la maldición o una sentencia de destrucción sobre la economía, siendo la única manera de evitar esto el arrepentimiento y el recibimiento del perdón por la fe en la sangre de Cristo, comenzando luego a dar los diezmos para crear una atmósfera diferente.

(3) Los diezmos son un acto de dependencia y honra a Dios. Cuando Jacob se encontraba en un momento crítico de su vida, Dios se le reveló en sueños. Y al entender que él y su descendencia serían objetos de la bendición de Dios, una vez que despertó del sueño tomó la decisión en fe de dar los diezmos de todo lo que recibiera: «Y esta piedra que he puesto por señal, será casa de Dios; y de todo lo que me dieres, el diezmo apartaré para ti» (Génesis 28:22). Con esto estaba demostrando que su dependencia en el presente y el futuro estaba en Dios, pues cuando una persona toma la decisión de dar los diezmos de todo lo que recibe debido a la bondad de Dios, esto es una declaración no verbal de alabanza por la fidelidad, misericordia y soberanía divinas. La declaración de Jacob acerca de que ese lugar sería casa de Dios demuestra que su propósito era levantar un testimonio de la única verdad que existe por encima de todas las imitaciones promulgadas por la idolatría de su tiempo, y para darle continuidad a esta visión, los diezmos serían entregados. Su abuelo Abraham, después de regresar victorioso de una batalla, le dio a Melquisedec los diezmos del botín, y el Espíritu Santo, inspirando al escritor del libro de Hebreos con este hecho histórico que vemos en el libro de Génesis, saca a luz las motivaciones que había en el corazón de Abraham al dar los diezmos: «Porque este Melquisedec, rey de Salem, sacerdote del Dios Altísimo, que salió a recibir a Abraham que volvía de la derrota de los reyes, y le bendijo, a quien asimismo dio Abraham los diezmos de todo ... permanece sacerdote para siempre. *Considerad, pues, cuán grande era éste*, a quien aun Abraham el patriarca dio diezmos del botín ... aquel cuya genealogía no es contada de entre ellos, tomó de Abraham los diezmos, y bendijo al que tenía las promesas. Y sin discusión alguna, *el menor es bendecido por el mayor*» (Hebreos 7:1-7). El reconocimiento de la grandeza de Melquisedec motivó a Abraham a honrarlo al entregarle los diezmos. Hagámonos las siguientes preguntas: ¿Qué tan majestuoso es Cristo para mí como para sentirme motivado a adorarlo y honrarlo por medio de los diezmos? ¿Quién me ha dado la facultad de tener grandes victorias en mi vida las cuales han generado ganancias como en el caso de Abraham? Esto quiere decir entonces que cuando decido *no entregar los diezmos, no solo se trata de un robo, sino también de un acto de desvalorización y desprecio a la grandeza de Dios,* lo cual me hace ver la ceguera espiritual en la que he caído. Por el contrario, cuando doy los diezmos, estoy honrando al Señor porque reconozco su majestad y su ayuda al haberme dado la provisión financiera en las batallas de la vida. Proverbios 3:9 dice: «Honra a Jehová con tus bienes, y con las primicias de todos tus frutos».

(4) Los diezmos tienen que ser llevados al alfolí para su administración. «Traed todos los diezmos al alfolí y haya alimento en mi casa» (Malaquías 3:10a). El recurso más importante con el que cuenta la iglesia para ayudar a las multitudes hambrientas de la verdad es la Palabra de Dios, y para que la misma sea predicada y enseñada con el propósito de convertir a las naciones en discípulos de Cristo, se requiere de un ejército de hombres y mujeres llamados a servir en este ministerio. Ahora bien, para llevar a cabo esta misión y hacer tal cosa posible se necesitan recursos económicos, los cuales tienen que ser depositados en el alfolí, que en aquel tiempo era un granero donde se depositaban los diezmos de las distintas clases de cosechas, el aceite y otros productos, el cual era administrado por los levitas, distribuyéndose sabiamente estos recursos para el desarrollo espiritual en el ámbito nacional. Hoy en día, cada iglesia local donde se predica el evangelio de nuestro Señor Jesucristo tiene un alfolí o tesorería que debe ser administrado de forma sabia por un equipo de diáconos o ancianos de la iglesia, para que de este modo se le dé curso y mantenimiento al desarrollo de la predicación del evangelio dentro y fuera del país. Tal cosa significa que ningún cristiano en particular está autorizado por Dios para administrar los diezmos de manera unilateral, pues la Palabra de Dios es clara: «Traed todos los diezmos al alfolí». Nuestra responsabilidad es llevar los diezmos a la tesorería de la iglesia en la que nos estamos congregando, y será el cuerpo oficial de la iglesia junto con los pastores los que harán la distribución de los recursos financieros de acuerdo a las necesidades de la iglesia.

(5) Dar los diezmos es un desafío que Dios nos hace para comprobar su fidelidad en el área económica. En el libro de Malaquías, Dios le habla a un pueblo que había desobedecido el mandamiento de dar los diezmos, motivado muy probablemente por la incredulidad, así que para inspirar la fe de este pueblo el Señor los desafía a «probarlo». Este es el único lugar en la Biblia donde se hace un reto semejante, tal vez porque confiar en Dios en el área financiera es por lo general lo más difícil en nuestra fe. «Traed todos los diezmos al alfolí y haya alimento en mi casa; y *probadme* ahora en esto, dice Jehová de los ejércitos, si no os abriré las ventanas de los cielos, y derramaré sobre vosotros bendición hasta que sobreabunde» (Malaquías 3:10). La palabra hebrea que se traduce como «probadme» en este versículo significa «comprobar», la cual constituye un desafío a ser testigos de su veracidad; sin embargo, la única manera de hacer esto es a través de la experiencia, dando los pasos de fe al dar los diezmos para que quede demostrada la fidelidad del Señor en forma particular en el área financiera.

Dios se compromete a bendecirnos en primer lugar con su *provisión*: «Os abriré las ventanas de los cielos, y derramaré sobre vosotros bendición hasta que sobreabunde» (Malaquías 3:10b). Él se encargará de proveernos en la manera que lo considere conveniente y en el momento oportuno. En segundo lugar, nos bendice por medio de su *protección*: «Reprenderé también por vosotros al devorador, y no os destruirá el fruto de la tierra» (Malaquías 3:11a). Existen muchas amenazas que nos pueden descapitalizar, como una enfermedad, el robo, una estafa y otros males, pero Dios se compromete a pelear estas batallas por nosotros. Sin embargo, tal cosa no significa que en algún momento de nuestra vida tengamos un problema en estas áreas, el cual Dios haya permitido con el propósito de desarrollar nuestra vida espiritual, como fue el caso Job. En tercer lugar, somos bendecidos por la *producción*: «Ni vuestra vid en el campo será estéril, dice Jehová de los ejércitos» (Malaquías 3:11b). Otra de las maneras en que Dios nos provee de bienes es a través del florecimiento de nuestro trabajo, profesión, negocio o empresa, talentos o habilidades. El Señor hará que todas estas esferas aumenten su productividad en comparación al fruto que cosechábamos cuando no estábamos diezmando, lo cual será notorio. Rockefeller, que nació en 1836 y murió en 1937, comentó: «Nunca hubiera podido dar el primer millón de dólares si no hubiera diezmado mi primer sueldo que fue de $1.50 a la semana». En cuarto lugar, Dios permite que seamos un *modelo financiero*: «Y todas las naciones os dirán bienaventurados; porque seréis tierra deseable, dice Jehová de los ejércitos» (Malaquías 3:12). Dios estableció todos estos principios para que fueran obedecidos con el propósito de traer una prosperidad económica a la nación, la cual se convertiría automáticamente en un modelo financiero que atraería la atención de otros países de manera que conocieran a Dios y los fundamentos de su reino. Tal cosa se repetirá en la vida de todo aquel que decida honrar a Dios con sus finanzas: en medio de una crisis generalizada esta persona será prosperada económicamente y muchos se preguntarán por qué está floreciendo cuando la mayoría se encuentra en crisis, siendo consultada para que oriente a los demás sobre la base de su economía y que de este modo ellos también sean prosperados. A partir del año 1975, cuando Dios me llamó al ministerio pastoral, me he convertido en lo personal en un testigo de la fidelidad de Dios en esta área, así como también de lo que Dios ha hecho en la vida de muchas personas que han decidido honrarle por medio de sus finanzas. Incluso en los momentos más difíciles de una guerra de doce años, en medio de una secuencia de terremotos, de la depreciación del café a nivel internacional, de la violencia y otros factores, la iglesia no ha detenido su marcha, porque cuando obedecemos este principio en forma particular y general le estamos dando el lugar a un florecimiento en el área económica para aquellos que han honrado a Dios con sus bienes a través de los diezmos y las ofrendas. Juan Wesley dijo: «Gana todo lo que puedas, ahorra todo lo que puedas, da todo lo que puedas». La satisfacción más grande de su existencia será el haber honrado a Dios con su vida y bienes, contribuyendo a la extensión del reino de los cielos en la tierra.

b) Honrar a Dios a través de las ofrendas.

La ofrenda, tanto en el Antiguo como en el Nuevo Testamentos, significa «una dádiva, un don, un regalo». Tal cosa implica que la ofrenda es por completo voluntaria y nace de un sentimiento de gratitud, aunque a la vez es un deber al ser parte de la iglesia, así que la cantidad a dar queda a discreción de cada persona. Esta es otra de las maneras en que se honra a Dios promoviendo la visión de la salvación del mundo, como fue el caso cuando el pueblo de Israel ofrendó plata, oro, piedras preciosas, pieles y muchas otras cosas más para la construcción del tabernáculo, de manera que se enseñara y resaltara la verdad en medio de la ignorancia. Colaborar financieramente con el propósito de alabar al Señor comunicando su verdad debe ser lo que nos proporcione mayor satisfacción de todas las inversiones financieras que podamos hacer. Analicemos algunos aspectos importantes sobre las ofrendas:

(1) Es un privilegio para toda clase social. En las iglesias de Macedonia, a raíz de la persecución que vino sobre ellas, muchos hermanos quedaron en la pobreza; sin embargo, eso no detuvo las ofrendas para suplir las necesidades del avance misionero y las penurias de los hermanos de otras regiones que también habían caído en la pobreza a causa de las persecuciones. El apóstol Pablo le escribe a la iglesia de Corinto, que estaba en una mejor posición económica, sobre el esfuerzo extraordinario de las iglesias de Macedonia para que ellos, que tenían muchas más posibilidades económicas, pudiera imitarles con relación a desarrollar el privilegio de ofrendar. Por eso les dice: «Asimismo, hermanos, os hacemos saber la gracia de Dios que se ha dado a las iglesias de Macedonia; que en grande prueba de tribulación, la abundancia de su gozo y su profunda pobreza abundaron en riquezas de su generosidad» (2 Corintios 8:1-2). El ofrendar no está condicionado a la cantidad de dinero que se pueda tener, sino al crecimiento espiritual, por lo tanto la condición socioeconómica de cada cristiano no es el factor que limita la generosidad a la hora de ofrendar, y el que se limita a no ofrendar por problemas financieros, esta perpetuando su condición.

(2) Es una expresión de amor que derriba los límites del presupuesto. Cuando una persona ama a Dios y a su prójimo de corazón, lo expresa dando de lo que tiene e incluso en algunos casos más allá de su capacidad económica, pues considera que es un privilegio ayudar a los demás. Este fue el caso que menciona el apóstol Pablo de las iglesias de Macedonia: «Pues doy testimonio de que con agrado han dado conforme a sus fuerzas, y aun más allá de sus fuerzas, pidiéndonos con muchos ruegos que les concediésemos el privilegio de participar en este servicio para los santos» (2 Corintios 8:3-4).

Un caso clásico de generosidad lo vemos en aquella viuda pobre que ofreció más que todos los ricos que habían ofrendado, pues ella dio más allá de sus fuerzas o su capacidad financiera al entregar todo su sustento, mientras que los otros dieron lo que les sobraba. La declaración que Jesús hizo luego del análisis de todos los que ofrendaban fue esta: «De cierto os digo que esta viuda pobre echó más que todos los que han echado en el arca; porque todos han echado de lo que les sobra; pero ésta, de su pobreza echó todo lo que tenía, todo su sustento» (Marcos 12:43-44). Esta mujer fue más desprendida que muchos ricos, porque ella estaba ofrendando con generosidad, yendo más allá de sus límites. Además, una ofrenda no se mide por la cantidad, sino por la calidad del esfuerzo al ofrendar; y podemos estar seguros de que la calidad se convierte en cantidad delante de los ojos de Dios.

(3) La generosidad al ofrendar está íntimamente ligada a la entrega de nuestra vida al Señor. Cuando consagramos nuestra vida al Señor en un 100%, el ofrendar será una de las expresiones naturales de esta entrega; por el contrario, toda persona a la que le cuesta ofrendar está revelando su falta de entrega a Dios y su poco amor hacia el prójimo. Este es el diagnóstico que el Espíritu Santo hace en cuanto a la forma en que las iglesias de Macedonia hicieron su donación, para que hoy en día nosotros entendamos la naturaleza del ofrendar: «Y no como lo esperábamos, sino que a sí mismos se dieron primeramente al Señor, y luego a nosotros por la voluntad de Dios» (2 Corintios 8:5). Si existe una verdadera entrega al Señor, ofrendar no será un problema.

(4) El ofrendar es una acción de amor que nos conviene. La iglesia de Corinto tenía mejores posibilidades económicas que otras iglesias de la región, sin embargo, se habían descuidado a la hora de ofrendar y todo había quedado a nivel de promesas. Por lo tanto, a través del testimonio de otras iglesias económicamente pobres que habían dado de su pobreza para la obra de Dios, Pablo los exhortó a dar porque era un deber y a la vez una bendición para ellos, abriéndose así nuevos espacios para el desarrollo de la vida cristiana: «Y en esto doy mi consejo; porque esto os conviene a vosotros, que comenzasteis antes, no sólo a hacerlo, sino también a quererlo, desde el año pasado. Ahora, pues, llevad también a cabo el hacerlo, para que como estuvisteis prontos a querer, así también lo estéis en cumplir conforme a lo que tengáis» (2 Corintios 8:10-11). El que recibe la ayuda es bendecido, pero el que da obtiene una doble bendición.

(5) La ofrenda tiene validez cuando se hace de corazón. Ofrendar sin tener la voluntad de hacerlo hace que este acto pierda su significado espiritual y la aprobación de Dios, por eso Pablo apela a la disposición de la voluntad de la iglesia y no a la imposición: «Porque si primero hay la voluntad dispuesta, será acepta según lo que uno tiene, no según lo que no tiene» (2 Corintios 8:12).

(6) La ofrenda tiene una ley retroactiva. El Señor nos enseña que todo lo que hagamos para su gloria y por amor al prójimo tiene recompensa, así que una vez sabido esto, tal principio debe convertirse en el parámetro que determine la cantidad de lo que vamos a dar: «Pero esto digo: El que siembra escasamente, también segará escasamente; y el que siembra generosamente, generosamente también segará» (2 Corintios 9:6).

(7) La ofrenda debe ser dada con regocijo y gratitud. Cuando se hace una ofrenda con dolor, estamos expresando indirectamente que lo que se da tiene mayor valor que aquel que lo recibe, lo cual revela un corazón materializado. Además, el ofrendar de mala gana debido a la presión de una necesidad desvaloriza la naturaleza de la ofrenda, y ambas actitudes negativas representan un rechazo a Dios y su obra, lo cual de forma automática impide que Dios nos bendiga por lo que hemos dado. La razón es muy sencilla: «la semilla que sembró estaba podrida». No obstante, ofrendar con alegría expresa la estimación que se le tiene a Dios, su iglesia y las almas perdidas, fomentando así la comunión con el Señor. «Cada uno dé como propuso en su corazón: no con tristeza, ni por necesidad, porque Dios ama al dador alegre» (2 Corintios 9:7).

(8) El ofrendar abre nuevos espacios para el desarrollo económico. La ofrenda es una inversión y no un gasto, los dividendos son otorgados por el Señor para que se tenga lo necesario para vivir y seguir invirtiendo en el reino de Dios. «Y poderoso es Dios para hacer que abunde en vosotros toda gracia, a fin de que, teniendo siempre en todas las cosas todo lo suficiente, abundéis para toda buena obra» (2 Corintios 9:8). Existen dos maneras muy importantes de invertir en el reino de Dios, la primera es facilitando con nuestras finanzas la predicación del evangelio, lo cual significa *darle semilla al que siembra*. La otra forma es ayudando al necesitado, es decir, *dándole pan al que come*. Estas inversiones de amor desarrollarán los recursos económicos personales debido a que nos encontramos dentro de la visión de Dios: «Y el que da semilla al que siembra, y pan al que come, proveerá y multiplicará vuestra sementera, y aumentará los frutos de vuestra justicia» (2 Corintios 9:10).

(9) El aumento de los bienes es para desarrollar mayores niveles de liberalidad. Uno de los errores que muchos cristianos cometen cuando Dios los prospera financieramente es acaparar todos los dividendos, cuando el propósito original de Dios fue suplir todas sus carencias para que invirtieran en las necesidades de la obra de Dios y el prójimo. La liberalidad a la hora de ofrendar no debe estar determinada por el progreso económico, sino por nuestro amor a Dios y los demás, lo cual nos dará la libertad para dar de manera abundante.

(10) La ofrenda ayuda a estrechar los lazos de hermandad. Cuando el corazón de las personas beneficiadas con las ofrendas es recto ante Dios, en ellas se produce gratitud, acción de gracias y amor fraternal, fomentándose así la oración de intercesión del que recibe por el que da y produciéndose lazos amistosos más estrechos. «Porque la ministración de este servicio no solamente suple lo que a los santos falta, sino que también abunda en muchas acciones de gracias a Dios; pues por la experiencia de esta ministración glorifican a Dios por la obediencia que profesáis al evangelio de Cristo, y por la liberalidad de vuestra contribución para ellos y para todos; asimismo en la oración de ellos por vosotros, a quienes aman a causa de la superabundante gracia de Dios en vosotros» (2 Corintios 9:12-14).

Tanto los diezmos como las ofrendas son expresiones del valor que le damos a Dios y a la predicación del evangelio, el cual es fundamental para la preservación de la vida, no temporal sino eterna. El Señor bendecirá en lo económico a toda persona que se mueva en esta dirección, y esta es otra de las maneras de construir un nuevo sistema de valores o «graneros» en el manejo financiero, el cual proporcionará los recursos necesarios para enfrentar la crisis económica en el ámbito global. Proféticamente nos encontramos cada día más cerca de la Segunda Venida de nuestro Señor Jesucristo, y él nos advirtió que una de las señales previas a su venida sería el hambre en una dimensión impresionante, lo cual no es otra cosa que el resultado de una bancarrota económica generalizada. Si nos encontramos tan cerca del período de la gran tribulación, es menester que tomemos las medidas correspondientes al inicio de los vientos de este tornado financiero que sacudirá todas las naciones y a la vez se convertirá en la excusa para establecer un control económico en el ámbito global (llevado a cabo a través de la marca conocida como el 666), el cual representará la entrada a una dictadura mundial a través del anticristo.

CAPÍTULO OCHO

CÓMO VENCER LA ANSIEDAD Y EL AFÁN EN EL ÁREA FINANCIERA

Mateo 6:25-34

Por tanto os digo: No os afanéis por vuestra vida, qué habéis de comer o qué habéis de beber; ni por vuestro cuerpo, qué habéis de vestir. ¿No es la vida más que el alimento, y el cuerpo más que el vestido? Mirad las aves del cielo, que no siembran, ni siegan, ni recogen en graneros; y vuestro Padre celestial las alimenta. ¿No valéis vosotros mucho más que ellas? ¿Y quién de vosotros podrá, por mucho que se afane, añadir a su estatura un codo? Y por el vestido, ¿por qué os afanáis? Considerad los lirios del campo, cómo crecen: no trabajan ni hilan; pero os digo, que ni aun Salomón con toda su gloria se vistió así como uno de ellos. Y si la hierba del campo que hoy es, y mañana se echa en el horno, Dios la viste así, ¿no hará mucho más a vosotros, hombres de poca fe? No os afanéis, pues, diciendo: ¿Qué comeremos, o qué beberemos, o qué vestiremos? Porque los gentiles buscan todas estas cosas; pero vuestro Padre celestial sabe que tenéis necesidad de todas estas cosas. Mas buscad primeramente el reino de Dios y su justicia, y todas estas cosas os serán añadidas. Así que, no os afanéis por el día de mañana, porque el día de mañana traerá su afán. Basta a cada día su propio mal.

Las noticias que cada día escuchamos acerca de una recesión económica en los Estados Unidos y su impacto en todo el mundo no dejan de fomentar un nivel de preocupación excesivo a causa de los efectos colaterales que serán sentidos en la economía familiar, aumentando así el nivel de la crisis económica ya existente. Y si a esto se le agrega la falta de pago de los créditos, el alza de los precios de los combustibles, el cierre de empresas y despido de personal, el impacto sobre el alma puede ser muy devastador si no estamos preparados espiritual y anímicamente, por lo que es necesario aplicar los pasos estratégicos mencionados en los capítulos anteriores para enfrentar y vencer a este gigante de la pobreza. Por tal razón nuestro Señor Jesucristo, cuidándonos de no caer en las garras de la ansiedad y el afán, nos dio la estrategia para que nuestra alma esté reposada en Dios y nos aseguró que las cosas por las cuales nos estamos preocupando serían provistas por él. ¿Cuál ha sido su actitud ante esta amenaza económica? ¿Qué medidas ha tomado para que no le falten los bienes necesarios en el hogar? ¿Cree que es imposible tener paz en medio de la tormenta económica? Lo que para nosotros es imposible, para Dios no lo es, así que abrace en su corazón los principios que el Señor nos da para que no desmaye su ánimo al punto de desesperarse y que esto no le conduzca a tomar medidas equivocadas, las cuales lo único que harían sería complicar su condición. Dios conoce todas nuestras necesidades y está interesado en suplirlas a través de la estrategia espiritual de «buscar primeramente el reino de Dios y su justicia», para de este modo no caer en las garras del falso canal de provisión de las necesidades que muchos han adoptado como estilo de vida, es decir, «el afán y la ansiedad».

a) La ansiedad y el afán representan una crisis de fe en el área financiera. Ante la desesperación es muy fácil aceptar sugerencias y medidas equivocadas para supuestamente salir del problema, pero muchas de estas medidas que forman parte de la conducta general de la mayoría de las personas cuando se encuentran en una dificultad conducen a la ansiedad y el afán. El Señor Jesucristo habló de estos dos supuestos «pilares económicos» cuando dijo: «¿Y quién de vosotros podrá, por mucho que se afane, añadir a su estatura un codo?» (Mateo 6:27). Si la ansiedad y el afán no pueden aumentarle ni siquiera una pulgada a nuestra estatura, tampoco generarán los suficientes bienes para suplir las necesidades de la familia, por lo cual tienen que ser descartados por completo. Dios desea que seamos responsables con todas nuestras obligaciones en la vida, pero no al punto de cruzar la frontera de la responsabilidad y caer en las garras del afán y la ansiedad. La palabra griega que se traduce como «afán» es *merimna*, la cual nos ayuda a comprender el impacto negativo que este modo de reaccionar tiene sobre nuestra alma, pues significa «tener un cuidado que perturba». Por otra parte, la palabra griega para «ansiedad» es *epithumeo*, que quiere decir «fijar el deseo sobre», lo cual indica apasionarse con algo al punto de que capture toda nuestra atención, produciendo un estado de agitación y una zozobra de ánimo que esclaviza la mente, manteniéndola enfocada únicamente en el problema. Ambas reacciones del alma son dañinas para la estabilidad emocional y espiritual, afectando otras áreas de la vida, neutralizando la fe y otras virtudes que nos permiten reaccionar de manera adecuada ante los problemas, por lo que toda persona que es víctima de estos dos males comienza a debilitarse espiritualmente, al punto de que se convierte en un ser muy vulnerable a las tentaciones, en especial a acudir de nuevo a los créditos, el soborno, la estafa, el robo, la prostitución, los juegos de azar, la irresponsabilidad al no pagar las deudas ni dar los diezmos y las ofrendas, etc. Surge entonces una pregunta: ¿Por qué algunas personas son más susceptibles al afán y la ansiedad que otras? En este pasaje de Mateo 6, el Señor nos revela el diagnóstico y a la vez la respuesta.

b) La fuente de la ansiedad y el afán es la poca fe en lo que somos. «Por tanto os digo: No os afanéis por vuestra vida, qué habéis de comer o qué habéis de beber; ni por vuestro cuerpo, qué habéis de vestir. ¿No es la vida más que el alimento, y el cuerpo más que el vestido? Mirad las aves del cielo, que no siembran, ni siegan, ni recogen en graneros; y vuestro Padre celestial las alimenta. ¿No valéis vosotros mucho más que ellas? ¿Y quién de vosotros podrá, por mucho que se afane, añadir a su estatura un codo? Y por el vestido, ¿por qué os afanáis? Considerad los lirios del campo, cómo crecen: no trabajan ni hilan; pero os digo, que ni aun Salomón con toda su gloria se vistió así como uno de ellos. Y si la hierba del campo que hoy es, y mañana se echa en el horno, Dios la viste así, ¿no hará mucho más a vosotros, hombres de poca fe?» Cada una de las preguntas que el Señor Jesús hace tiene el propósito de despertarnos a la realidad del valor de nuestra identidad espiritual, ya que esta es la que nos da nuestra valía como personas, y al no ser conscientes de ello, nos convertimos en víctimas del afán y la ansiedad por *la incredulidad de lo que somos en Cristo*.

En el Antiguo Testamento encontramos la historia de uno de los descendientes del rey Saúl llamado Mefi-boset —cuyo nombre significa «el que propaga ignominia»— el cual sufrió una caída cuando era un niño al huir de la persecución sobre los descendientes de Saúl, quedando paralítico y manteniéndose escondido durante muchos años para preservar su vida. Sin embargo, cuando David llegó a ser rey, después de un tiempo de estar reinando tomó la decisión de mostrarles misericordia a los descendientes de Saúl, y preguntó si existía alguno. Sus siervos le comunicaron que solo quedaba uno: Mefi-boset. Así que David lo mandó a llamar para que viviera en el palacio y gozara de todos los beneficios; no obstante, cuando se le dio la noticia, su reacción fue negativa debido a las condiciones tan dolorosas que había tenido que soportar desde su niñez. La frustración de vivir en la miseria y la clandestinidad a pesar de ser un príncipe marcó su vida con un sentimiento de rechazo hacia sí mismo e hizo que mantuviera el siguiente diálogo con el rey: «Y le dijo David: No tengas temor, porque yo a la verdad haré contigo misericordia por amor de Jonatán tu padre, y te devolveré todas las tierras de Saúl tu padre; y tú comerás siempre a mi mesa. Y él inclinándose, dijo: ¿Quién es tu siervo, para que mires a un perro muerto como yo?» (2 Samuel 9:7-8). Las experiencias dolorosas de la vida le habían hecho rechazar su identidad, y se veía como alguien que no sirve para nada produciendo una parálisis en el alma que no le estaba permitiendo gozar de las misericordias de Dios por medio de David. Esta historia se vuelve a repetir en miles de personas hoy en día, las cuales al haber experimentado situaciones de desprecio limitaron sus oportunidades de progresar, cayendo en las garras del dolor, las limitaciones económicas extremas y otras condiciones, lo que ha llevado a estos individuos a la desvalorización de sí mismos, costándoles creer que exista alguien que desee ayudarles de modo desinteresado, así que no pueden aceptar toda bondad por considerarse inmerecedores o «perros muertos».

La crisis de la fe en lo que somos tiene varias fuentes, consideremos ahora algunas:

La primera es «no haber tenido la experiencia del nuevo nacimiento», por lo tanto, tal individuo no es un hijo, sino una criatura de Dios. Como resultado, el no tener la identidad de hijo le produce inseguridad para enfrentar la vida y la muerte. Aceptar a Jesús como nuestro Salvador personal o nacer de nuevo nos hace entrar a formar parte de la familia de Dios, e instantáneamente nos permite disfrutar de los beneficios de hijos: (a) poseer una nueva identidad y (b) tener la seguridad de lo que significamos en Cristo, pues somos el resultado de una obra sobrenatural al ser engendrados por Dios en nuestro espíritu, implantando así una nueva naturaleza. La Biblia dice: «Mas a todos los que le recibieron, a los que creen en su nombre, les dio potestad de ser hechos hijos de Dios; los cuales no son engendrados de sangre, ni de voluntad de carne, ni de voluntad de varón, sino de Dios» (Juan 1:12-13).

La segunda fuente que produce incredulidad con relación a nuestra valía es «la ignorancia de lo que ya somos en Cristo y de los derechos que nos confiere tal posición». El apóstol Pablo, escribiéndole a la iglesia en Roma, señaló: «Pues no habéis recibido el espíritu de esclavitud para estar otra vez en temor, sino que habéis recibido el espíritu de adopción, por el cual clamamos: ¡Abba, Padre! El Espíritu mismo da testimonio a nuestro espíritu, de que somos hijos de Dios. Y si hijos, también herederos; herederos de Dios y coherederos con Cristo, si es que padecemos juntamente con él, para que juntamente con él seamos glorificados» (Romanos 8:15-17). El Espíritu Santo representa una garantía interna y espiritual de que somos hijos de Dios; él nos brinda la certeza de que somos hijos, y por lo tanto también herederos de Dios. La falta del reconocimiento y la aceptación de tal bondad se deben a la incredulidad con relación a la grandeza de la misericordia divina, una condición que es el retrato de muchos cristianos que se han desvalorizado al punto de que no creen lo que son en Cristo, rechazando los derechos que tienen como hijos de Dios. Tal forma de actuar mantiene vivo el daño recibido, y el temor surge como una muleta para enfrentar la vida condicionándose a la miseria, privándose de ver un futuro mejor. ¿Qué tanto valor se está dando a sí mismo? ¿Si es un hijo de Dios, y él le ha perdonado todos sus pecados y le ha concedido ser templo y morada del Espíritu Santo, por qué continúa creyendo la mentira del diablo de que usted no sirve para nada y no merece sentarse a la mesa del Rey de reyes? Recuerde que todo lo que Dios nos da es por su gracia y misericordia, por haber creído en Cristo Jesús: «¿No hará mucho más a vosotros, hombres de poca fe?»

La tercera fuente que produce incredulidad en cuanto a lo que somos es la «desvalorización de nosotros mismos». El Señor Jesús hace la siguiente pregunta para que coloquemos en la balanza el valor o el peso de las aves y el del ser humano: «¿No valéis vosotros mucho más que ellas?» Es indudable que el valor de una persona es mayor que el de las aves, aunque aceptar esta verdad para algunos se convierte en algo inalcanzable, pues no han tratado de manera adecuada con el perdón de los pecados ni han perdonado a los que los han ofendido por la burla que dañó su autoestima, el desprecio recibido durante toda su vida, y el fracaso en el presente. La Biblia dice: «¿Qué Dios como tú, que perdona la maldad, y olvida el pecado del remanente de su heredad? No retuvo para siempre su enojo, porque se deleita en misericordia. Él volverá a tener misericordia de nosotros; sepultará nuestras iniquidades, y echará en lo profundo del mar todos nuestros pecados» (Miqueas 7:18-19).

La cuarta fuente que causa que dudemos de nuestro valor en Cristo es «tratar de racionalizar la gracia de Dios». Algo que no podremos hacer en esta tierra es saber por qué Dios nos ama de una manera que sobrepasa nuestro entendimiento. Esto es gracia, la cual hace posible que sus favores inmerecidos se derramen sobre nuestra vida, así que lo que resta es aceptar sus bondades, pues él es nuestro Padre eterno y se complace en ofrecérnoslas. Por lo tanto, debemos renunciar a mantenernos considerando si merecemos o no sus misericordias, pues lo cierto es que aunque no las merecemos, debemos aceptarlas para adornar la gracia inescrutable del Señor. ¿Está de acuerdo en modelar la gracia de Dios en esta tierra? El crédito no será para el que recibe los favores, sino para nuestro bondadoso Señor que los da, y tal cosa se traducirá en nuestro ser interior en aceptar nuestra identidad espiritual y nos ayudará a reconocer lo que somos en Cristo, lo cual se convertirá en una vacuna contra la ansiedad y el afán para no perder el tiempo y la oportunidad de vivir plenamente. La incredulidad en cuanto a lo que somos puede debilitar la vida espiritual al punto de convertir a cualquier individuo en dependiente de las migajas de amor que las personas le puedan dar, llevándolo por un peligroso camino hacia las tentaciones de diferente naturaleza, una crisis de fe y la depresión.

c) Solución divina para tener lo necesario y paz en la crisis financiera.

Recuerde que la mala estrategia de tener un cuidado perturbador y cautivador de los pensamientos, enfocándolos únicamente en el problema, no tiene ninguna capacidad para resolver las crisis financieras. Sin embargo, el Señor Jesús estableció una estrategia efectiva de modo que recibamos lo necesario para vivir y evitemos ser víctimas del afán y la ansiedad: «Mas buscad primeramente el reino de Dios y su justicia, y todas estas cosas os serán añadidas» (Mateo 6:33). La palabra griega *zeteo*, que se traduce como «buscad», significa «ir decididamente en pos de algo», así que el mensaje del Señor es claro y preciso en cuanto a que tengamos un enfoque único y cabal que gobierne nuestros pensamientos, voluntad y emociones, el cual debe ser *determinar de todo corazón el someternos al gobierno de Dios en amor por medio de la obediencia a su Palabra*. Esto implica primeramente rendir todo nuestro ser, ideas, planes, sentimientos, voluntad, cuerpo, estudios, trabajo y demás áreas de la vida para permitir la dirección divina en todas ellas. Jesús le dijo a Marta que estaba afanada y turbada con muchas cosas, pero que solo una era necesaria, haciendo referencia con esto a la actitud que su hermana María había asumido de darle prioridad a Dios en su vida sobre cualquier cosa. Por lo tanto, podemos decir que no es necesario darle prioridad número uno en la vida a las «otras cosas» (las necesidades), porque tal primacía le corresponde a Dios y todo lo otro depende de ello, lo cual es la base o el fundamento de la economía divina. Debido a este motivo, Pablo afirma en Filipenses 3:13: «Una cosa hago»... no dos, ni tres. Debemos preocuparnos por mantener el enfoque de que Jesús sea el Señor en todas las áreas de nuestra vida, y esto traerá salud y madurez espiritual para manejar con sabiduría todo lo que Dios nos pueda delegar, lo cual incluye a los recursos financieros, los cuales no se convertirán en una piedra de tropiezo porque nuestro corazón está puesto en Jesús y no en las finanzas, obteniendo así una mayor capacidad para administrar nuestra economía. Esta es la clave principal para recibir de Dios los recursos que necesitamos.

En segundo lugar, buscar el reino de Dios implica *servir con diligencia* en la tarea de ganar las almas para Cristo, comenzando desde nuestra Jerusalén hasta lo último de la tierra. Al involucrarnos en esta tarea, se abre la puerta de las bendiciones de Dios para nuestra vida, supliéndose de esta forma todas las necesidades materiales y trayendo estabilidad financiera y tranquilidad, lo cual ahuyentará el afán y la ansiedad, pues su promesa es clara: «Y todas estas cosas os serán añadidas».

La recomendación del Señor cuando estamos caminando en obediencia acerca de ser y hacer lo que él desea no es para sobrecargarnos, sino más bien para darnos la paz y la provisión suficientes para enfrentar los desafíos económicos: «Así que, no os afanéis por el día de mañana, porque el día de mañana traerá su afán. Basta a cada día su propio mal» (Mateo 6:34). El mejor sistema económico es pertenecer a la familia de Dios, y si estamos dentro de su voluntad, él se encargará de todos los detalles que nos preocupan.

Es innegable debido a todas las evidencias expuestas y al testimonio interno del Espíritu Santo que nos encontramos ante una crisis financiera sin precedentes en los últimos años.

El impacto que esto provoca en la mente y las emociones de las personas es preocupante, aunque en este momento la misma no es ni la sombra de lo que será cuando se entre en la hora más oscura desde el punto de vista económico, por lo que se espera que este gigante que se avecina represente un desafío para todo padre de familia, empresario, negociante, estudiante y obrero. Debido a esto, necesitamos tener las armas espirituales adecuadas para hacerle frente a dicha crisis y vencer, sin ser derrotados de antemano por el temor, que es un cáncer del alma que neutraliza toda capacidad del ser humano, reduciendo a su mínima expresión todos sus talentos. Por este motivo, el Señor Jesucristo rechaza de forma automática la utilidad del afán y la ansiedad como respuesta a las necesidades económicas, pues este problema solo encuentra su solución cuando llegamos a pertenecer a la familia de Dios a través de lo que Jesús llamó «el nuevo nacimiento», el cual conduce a experimentar la valorización divina en nuestro ser interior, trayendo paz, una autoestima saludable y una fe poderosa en que nuestro Padre celestial tiene cuidado de cada uno de nosotros en todas las necesidades de la vida. Tal cosa hará que mi preocupación esté orientada hacia el reino de los cielos y no a las cosas que necesito en mi vida, ya que estas oportunamente serán suplidas por el Señor. El milagro de la provisión de los siete años de las vacas gordas en el tiempo de José fue en realidad la respuesta del Señor a un hombre que estaba dispuesto a colaborar con el establecimiento del reino de Dios en la tierra de Egipto, lo que hizo que la cantidad de trigo fuera sobreabundante para poder suplir lo que se iba a necesitar en los próximos siete años de las vacas flacas. Este superávit no se debió a una estrategia en la agricultura, ni a la administración central del gobierno de Faraón, sino más bien constituyó un milagro de Dios.

Hoy más que nunca debemos tener esa confianza en la mano bondadosa y milagrosa de Dios como lo hiciera

José en su tiempo, pues él no le dio lugar a la perturbación o a una angustia emocional profunda en los momentos de los siete años de crisis extrema, y todo por el milagro de la dependencia en Dios tanto en el área económica como en las demás esferas de la vida, lo cual trajo un resultado positivo. En nuestros días, una estrategia de carácter espiritual con incidencia en la parte económica sería considerada por muchos como una locura o una fantasía, no obstante, históricamente está bien comprobado que en el tiempo en que vivimos somos muchos los que podemos testificar de la bondad de Dios, la cual no se puede negar. Aquel que dijo: «Yo soy Jehová tu proveedor» es el fundamento de la economía saludable para una familia y una nación, de no ser así, las consecuencias de la incredulidad se encargarán de pasar la factura; sin embargo, los que han decidido buscar el reino de Dios y su justicia verán con sus ojos la bondad del Señor, el cual suplirá todas sus necesidades en forma oportuna. De modo contrario, la idolatría al «dios del dinero» será humillada por completo, como lo fueron los dioses de Egipto en el tiempo de Moisés, para que nuestros ojos estén puestos en Dios y no en la falsedad, porque la Segunda Venida de nuestro Señor Jesucristo está cerca y será necesario abrir los ojos de las naciones ocupando todos los medios habidos y por haber, de modo que obtengan el valor más grande que un ser humano pueda adquirir –la vida eterna– y vean claramente dónde está su salvación: en Jesucristo nuestro Señor. Aunque nos encontremos en el valle de sombra de muerte, no temamos mal alguno, porque nuestro Señor estará con nosotros y veremos su gloria como nunca antes en nuestra vida de fe. Por medio de la oración, y siguiendo las indicaciones de la Palabra: «Por nada estéis afanosos, sino sean conocidas vuestras peticiones delante de Dios en toda oración y ruego, con acción de gracias. Y la paz de Dios, que sobrepasa todo entendimiento, guardará vuestros corazones y vuestros pensamientos en Cristo Jesús»

(Filipenses 4:6-7), cada creyente crecerá espiritualmente de forma maravillosa, teniendo lugar una purificación de la vida cristiana de todos aquellos elementos dañinos y pecaminosos que están contaminando la santidad, los cuales serán totalmente abandonados para vivir una vida recta delante de Dios. Este es otro de los valores primordiales que debemos capitalizar más que otros, mientras que la dependencia en el poder del Espíritu Santo será la práctica diaria de cada uno de aquellos que han puesto sus ojos en Jesús, por lo que todas las experiencias difíciles serán abono para una gran ganancia, y se abrirá un espacio convirtiéndose en una de las mejores oportunidades para un avivamiento de la iglesia sin precedentes, y la salvación de muchas almas será la experiencia de cada iglesia que predica el evangelio, haciendo insuficiente el espacio en los templos, los cuales rebosarán de gozo al contemplar la gracia y el poder de Dios, convirtiéndose este en el oasis que la sociedad necesita e irán en busca de él. Prepárate para la gran cosecha de almas en medio de una crisis económica global. Y del mismo modo que Dios fue glorificado en la época de José durante el período de las vacas flacas, así lo será en el tiempo que nos toque vivir. No temamos, pues Jesús dijo: «Y he aquí yo estoy con vosotros todos los días, hasta el fin del mundo. Amén» (Mateo 28:20).

DISFRUTE DE OTRAS PUBLICACIONES DE EDITORIAL VIDA

Desde 1946, Editorial Vida es fiel amiga del pueblo hispano a través de la mejor literatura evangélica. Editorial Vida publica libros prácticos y de sólidas doctrinas que enriquecen el caudal de conocimiento de sus lectores.

Nuestras Biblias de Estudio poseen características que ayudan al lector a crecer en el conocimiento de las Sagradas Escrituras y a comprenderlas mejor. Vida Nueva es el más completo y actualizado plan de estudio de Escuela Dominical y el mejor recurso educativo en español. Además, nuestra serie de grabaciones de alabanzas y adoración, Vida Music renueva su espíritu y llena su alma de gratitud a Dios.

En las siguientes páginas se describen otras excelentes publicaciones producidas especialmente para usted. Adquiera productos de Editorial Vida en su librería cristiana más cercana.

DEDICADOS A LA EXCELENCIA

Biblia de Estudio NVI

La primera Biblia de estudio creada por un grupo de biblistas y traductores latinoamericanos. Con el uso del texto de la Nueva Versión Internacional, esta Biblia será fácil de leer además de ser una tremenda herramienta para el estudio personal o en grupo. Compre esta Biblia y reciba gratis una copia de ¡Fidelidad! ¡Integridad!, una guía que le ayudará a aprovechar mejor su tiempo de estudio.

ISBN: 0-8297-2401-X

Una vida con propósito

Rick Warren, reconocido autor de *Una Iglesia con Propósito*, plantea ahora un nuevo reto al creyente que quiere alcanzar una vida victoriosa. La obra enfoca la edificación del individuo como parte integral del proceso formador del cuerpo de Cristo. Cada ser humano tiene algo que le inspira, motiva o impulsa a actuar a través de su existencia. Y eso es lo que usted podrá descubrir cuando lea las páginas de *Una vida con propósito*.

0-8297-3786-3

Nos agradaría recibir noticias suyas.
Por favor, envíe sus comentarios sobre este libro
a la dirección que aparece a continuación

Editorial Vida
8410 NW 53rd Terrace, Suite 103
Miami, Florida 33166

Vida@zondervan.com
www.editorialvida.com